둥글둥글 지구촌 인권 이야기

함께 사는 세상 3

둥글둥글 지구촌 인권 이야기

초판 1쇄 발행 2009년 3월 25일 | 초판 18쇄 발행 2023년 8월 14일
글쓴이 신재일 | 그린이 유남영
펴낸이 홍석 | 이사 홍성우
편집부장 이정은 | 편집 정미진·조유진 | 디자인 권영은 | 외주 디자인 손현주
마케팅 이송희·김민경 | 관리 최우리·김정선·정원경·홍보람·조영행·김지혜
펴낸곳 도서출판 풀빛 | 등록 1979년 3월 6일 제 2021-000055호
주소 서울특별시 강서구 양천로 583 우림블루나인 A동 21층 2110호
전화 02-363-5995 (영업) 02-362-8900 (편집) | 팩스 070-4275-0445
전자우편 kids@pulbit.co.kr | 홈페이지 www.pulbit.co.kr
블로그 blog.naver.com/pulbitbooks | 인스타그램 instagram.com/pulbitkids

ⓒ신재일, 2009

ISBN 978-89-7474-948-4 74300
ISBN 978-89-7474-913-2 (세트)

이 도서의 국립중앙도서관 출판시도서목록(CIP)은 서지정보유통지원시스템홈페이지(http://seoji.nl.go.kr)와
국가자료공동목록시스템(http://www.nl.go.kr/kolisnet)에서 이용하실 수 있습니다.(CIP제어번호 : CIP2009000701)

*책값은 뒤표지에 표시되어 있습니다.
*잘못된 책이나 파본은 구입하신 곳에서 바꿔 드립니다.

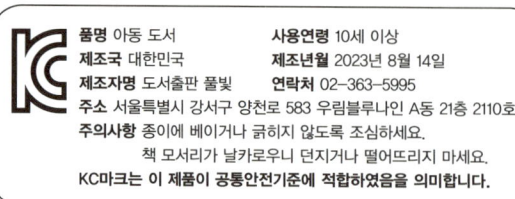

함께 사는 세상 3

둥글둥글 지구촌
인권 이야기

신재일 글 | 유남영 그림

풀빛

이 책을 읽는 어린이 여러분에게

　이 책은 「함께 사는 세상」 시리즈의 한 권으로 쓰였어요. 「함께 사는 세상」 시리즈는 여러분에게 세계를 이해하는 넓은 시각을 키워 주고 더불어 살아가는 법을 들려주려고 기획되었답니다.

　그렇다면 우리가 사는 21세기는 과연 어떤 세상일까요? 엄마, 아빠, 할아버지, 할머니가 어린 시절을 보냈던 과거와는 어떻게 달라졌을까요? 선생님은 대학생 언니, 오빠들에게 21세기를 민주화, 정보화, 세계화로 정리해서 설명하기를 좋아해요. 우리 주변에서 벌어지는 일들을 이렇게 나누어 정리하면 사회 변화의 큰 특징을 쉽게 이해할 수 있기 때문이에요.

　여러분이 지금 손에 들고 있는 이 책에서도 민주화, 정보화, 세계화라는 세 개의 틀을 활용해 인권 이야기를 하려고 해요.

　다른 건 몰라도, 정보화라고 하면 아마 여러분이 선생님보다 한 수 위일 거예요. 선생님은 대학원에 진학하고 나서야 겨우 컴퓨터로 학교 과제물을 제출하기 시작했어요. 하지만 여러분은 코흘리개 때부터 컴퓨터 게임에 익숙할 걸요? 정보화란 바로 그런 거예요. 너무나 익숙해서 "그게 뭐 큰 대수람?" 하고 아무렇지 않게 생각할 정도로 이미 여러분은 정보화의 바다 한가운데에 들어와 있습니다. 민주화와 세계화라는 개념도 크게 어려운 것은 아니에요. 책을 읽어 가다 보면 쉽게 이해할 수 있을 거예요.

    선생님은 이 책에서 여러분에게 더불어 살아가는 법을 이야기하고 싶어요. 선생님은 《열두 살에 처음 만난 정치》라는 책을 통해 우리 모두가 행복해지려면 정치가 꼭 필요한 것이라고 말했어요. 하지만 불행하게도, 정치가 아직까지 우리에게 큰 희망을 주지 못하고 있는 게 현실이에요.

    왜 그럴까? 선생님은 곰곰이 생각해 보았어요. 그랬더니, '국가와 정치가 왜 필요한가?' 라는 근본적인 질문에 이르게 되더군요. 우리에게는 국민의 인권을 보호해 주어야 하는 국가가 국민의 인권을 침해한 부끄러운 역사가 있어요. 과거뿐만 아니라 현재에도 인권 침해의 안타까운 소식이 너무 많이 들려와 부끄럽기도 하고 슬프기도 해요.

    인권이란 인간이라면 누구나 누려야 할 기본적인 권리인데, 우리가 인권을 보장받지 못한다면, 과연 우리가 어떻게 행복해질 수 있을까요? 우리 모두 더불어 행복하게 살아가려면 인권이라는 가치가 우뚝 서야 한답니다.

인권은 이 세상을 살아가는 인간으로서 누려야 할 기본적인 권리라고 할 수 있어요. 그러나 여성, 장애인, 어린이 등 사회적 약자에 대한 차별은 너무도 익숙해서 그게 차별인지 제대로 깨닫지도 못하고 넘어가는 경우가 많아요.

여러분이 이 책을 읽으며, 인권의 소중함을 마음 깊이 새겼으면 해요. 그리고 자신의 인권을 당당하게 외치고, 친구들의 인권도 정당하게 존중해 주는 사람으로 자라 주었으면 하는 바람을 가져 봅니다.

신재일

차 례

이 책을 읽는 어린이 여러분에게 004

1 세계 인권 선언의 탄생

인간의 권리를 되돌아보게 했던 세계 전쟁 012 유엔 인권 위원회의 탄생 014
인권 선언에서 인권 조약으로 017

2 인권은 하늘에서 뚝 떨어진 걸까?
: 민주화와 인권

인권의 출발점은 '평등' 022 노예에게도 인권이 있었을까? 023 전쟁과 함께 시작된 노예 제도 024 노예 제도와 민주주의가 함께한 그리스 026 농사짓는 노예, 농노 028 노예사냥 029 영웅도 하루아침에 처형당하는 마녀 사냥 032 생각이 다르면 모두 마녀! 034 이단으로 몰려 처형당한 유대 인과 과학자 035 지금도 버젓이 살아 있는 마녀 사냥의 공포 037 인권 의식은 언제부터 싹텄을까? 040 사람이 꽃보다 아름답다! 041 국가는 인권을 보장하라! 044 인권을 향한 첫걸음, 프랑스 혁명과 인권 선언 045 인권이라는 말은 언제부터 쓰였을까? 047 우리나라의 인권 운동 048 드디어 헌법으로 인권을 보장받다 051

3 난 누구의 방해도 받고 싶지 않아
: 정보화와 인권

댓글도 내 마음대로 못 단다고? 056 누구의 방해도 받지 않고 살아갈 권리가 있어 059 꼭 담을 넘어야만 도둑이 아니야 061 내가 쓴 글이 여기저기 마구 돌아다녀요 062 디지털 시대에 꼭 필요한 지적 재산권 064 카피레프트 운동이 뭘까? 066 누군가 정보를 독점해 버린다면? 067 정보를 어떻게 관리해야 할까? 069 정보 고속 도로를 건설하자 071

4 무한 경쟁 사회 속에서 인권은 잘 있을까?
: 세계화와 인권

세계화가 뭐예요? 076 무한 경쟁의 세계화 077 왜 세계화에 반대하는 걸까? 079 인권은 배부른 소리? 083 비정규직 문제 085 영민이 엄마와 수희 엄마 이야기 086 점점 심해지는 빈부의 격차 089 이주 노동자 때문에 취업이 힘들다고? 093

5 나의 인권은 누가 지켜줄까?

: 국가와 인권

"대한민국은 민주 공화국이다" 098   국가는 국민의 인권을 보호할 의무가 있다 100   전쟁이라는 이름으로 행해지는 끔찍한 살인 행위 101   수많은 유대 인의 목숨을 앗아간 히틀러 104   끔찍한 인종 청소 105   평화도 연습이 필요해요! 108   국가 안보를 위해서라면 인권을 탄압해도 되는 걸까? 109   영화 〈관타나모로 가는 길〉 110   전통 때문에 꿈을 이룰 수 없는 아이들 112   '국가 인권 위원회가 앞장서요! 114   인권 보호를 위한 국제적 노력이 필요해요! 116   국가를 견제하고 감시하는 시민 단체 118

6 인권을 누리지 못하는 사람들

: 사회적 약자와 인권

'우리'라는 말에 숨겨진 무서운 비밀 124   사회적 약자는 누구를 말하는 걸까? 127   나에게는 꿈이 있습니다 129   한국 사람들은 백인만 좋아해! 132   여자는 투표하지 말라고? 134   최초로 여성의 권리를 주장한 '올랭프 드 구즈' 135   여자에 대한 편견과 차별 137   동화 속에 숨겨진 편견 140   전생에 무슨 죄를 지었기에! 141   올리버 트위스트 이야기 143   어린이의 인권을 지켜 주세요 144   다수결만으로는 모든 것을 해결할 수 없어요! 146   인권은 서로 지켜 주어야 해요 147   살색이 살구색이 되기까지 149

부록 〈세계 인권 선언문〉 154

인권이란, 인간이라면 누구나 누려야 할 기본적인 권리를 말해. 하지만 인권이 당연한 것으로 받아들여진 것은 그리 오래전이 아니란다. 사람들은 무서운 전쟁과 끔찍한 학살을 겪고 나서야 인권의 소중함을 깨닫게 되었지. 1948년 유엔 총회에서 채택된 〈세계 인권 선언문〉은 '모든 사람은 태어나면서부터 똑같은 기본권을 지니고 있고, 누구도 인권을 억누르거나 침해할 수 없다'는 것을 세계에 널리 알리는 계기가 되었다고 해. 그렇다면 〈세계 인권 선언문〉은 어떤 과정을 통해 탄생하게 되었을까?

1

세계 인권 선언의 탄생

인간의 권리를 되돌아보게 했던 세계 전쟁

뉴욕 근교의 석세스 호숫가.

전 세계에서 몰려온 카메라 기자들이 철학자, 외교관, 학자 등 18명의 모습을 카메라에 담느라 분주하게 움직였어. 이 18명은 유엔 인권 위원회를 위해 한자리에 모인 각국의 대표들이었단다.

당시는 제2차 세계 대전이 끝난 지 얼마 되지 않은 때였어. 오랫동안 전쟁을 겪으며, 유럽은 참혹한 전쟁터로 변했지.

전쟁은 세상 사람들을 온통 고통과 절망에 빠져들게 만들었어. 엄청난 양의 폭탄이 사방에서 터지고 탱크와 총은 쉴 새 없이 불을 뿜어 댔어. 당연히 많은 군인이 전쟁터에서 죽어갔지.

그것뿐이 아니야. 전쟁은 죄 없는 수많은 사람의 삶까지도 마구 짓밟았단다. 총을 들지 않은 힘없는 여자와 아이 그리고 노인들까지 아무런 이유 없이 죽어갔지.

특히 독일이 유대 인들에게 저지른 잔혹한 행동은 세상 사람들을 깜짝 놀라게 만들었어. 독일에서 히틀러를 중심으로 정권을 잡은 나치는 '게토'라는 제한 구역을 만들었어. 유대 인이라는 이유 하나만으로, 수많은 유대

인을 제한 구역에 억지로 모여 살게 했지.

　게다가 유대 인을 강제 수용소에 가두고 온갖 생체 실험을 했어. 그러다 결국 가스실로 끌고 가 처참하게 죽였단다. 이렇게 죽어 간 유대 인이 600만 명을 넘는다고 해. 전쟁과 학살의 폐허 속에서, 사람들은 간절히 바랐어.

"이런 끔찍하고 비참한 일을 두 번 다시는 겪고 싶지 않아. 나치의 야만적인 행위가 또다시 반복되어서는 안 돼."

1941년, 미국의 루스벨트 대통령은 의회 연설에서 앞으로 인류가 어떻게 나아가야 할지 그 방향을 제시했어. 우리 인간에게는 '언론과 출판 등 표현의 자유, 종교의 자유, 결핍으로부터의 자유, 공포로부터의 자유' 등 꼭 필요한 네 가지 자유가 있어야 한다고 말이야.

전쟁이 끝나갈 즈음, 사람들의 마음속에는 세계 평화를 위해 뭔가 새로운 다짐을 해야 한다는 생각이 싹텄어. 또다시 전쟁이 일어나지 않도록 하려면 강력한 법적 장치가 필요하다고 생각했던 거야.

이렇게 해서 1945년, 유엔 United Nations 이 창설되었어. 유엔은 '인종·성·언어·종교의 차별이 없는 사회, 인간의 기본적인 자유와 인권이 존중되는 사회, 인간의 존엄과 가치가 보장되는 사회'를 위해 만들어진 기구야. 유엔은 모든 회원국이 이런 원칙을 반드시 지킬 것을 강력하게 촉구했어.

유엔 인권 위원회의 탄생

유엔 인권 위원회도 바로 이런 상황에서 만들어졌단다. 초대 위원장은 엘리너 루스벨트가 맡았지.

엘리너 루스벨트는 전쟁이 끝나기 직전 세상을 떠난 미국 루스벨트 대통령의 부인이야. 하지만 엘리너 루스벨트는 대통령의 부인이기에 앞서, 이미 인권 운동가로서 활발하게 활동하고 있었단다.

엘리너 루스벨트가 인권 위원회의 위원장으로 취임하고 나서 맨 먼저 한 일은 인간이 누려야 할 최소한의 권리를 정하는 '세계 인권 선언'을 만드는 일이었어.

오랜 기간의 준비 끝에 18명의 인권 위원회 대표가 마침내 한자리에 모였어. 중국에서는 학자 출신 외교관 창펑춘張彭春, 레바논에서는 철학자 찰스 말리크, 프랑스에서는 법학자 르네 카생이 대표로 참석했어.

18명의 쟁쟁한 인물이 머리를 맞대고 토론에 토론을 거듭했어. 특히 나치의 강제 수용소에서 여동생을 비롯해 29명의 친척을 잃는 아픔을 겪어야 했던 르네 카생은 〈세계 인권 선언문〉의 초안을 작성하는 데 주도적인 역할을 했어. 르네 카생은 초안 작업을 주도한 노력을 인정받아 나중에 노벨 평화상까지 수상했단다.

우선 인권 위원회는 전 세계의 다양한 종교와 문화적 배경을 지닌 사람을 상대로 인권에 대해 어떻게 생각하는지 알아보기로 했어.

그래서 유네스코United Nations Educational, Scientific and Cultural Organization가 앞장서서 설문조사를 벌였단다. 유네스코는 '국제 연합 교육 과학 문화 기구'로, 교육·과학·문화의 보급과 교류를 통해 사람들 사이의 이해를 돈독히 하고 협력을 강화함으로써 국제 평화와 안전을 위해 노력하는 곳이란다.

간디, 크로체, 에드워드 카, 헉슬리, 샤르댕 등 당대 최고의 지성인과 인

　권 운동가 70여 명이 유네스코의 설문에 응했지. 인권 위원회는 이렇게 다양한 의견을 한데 모아, 전 세계인 누구나 받아들일 수 있는 공통된 선언을 준비했던 거야.

　이 결과를 바탕으로 초안을 작성하고 그 초안을 전체 회의에서 다시 검토했어. 단어 하나, 토씨 하나 그냥 넘어가지 않았다고 해. 모든 내용을 토론하고 합의가 되지 않으면 투표를 해서 결정했단다.

　1948년 12월 10일, 프랑스 파리에서 유엔 총회가 열렸어. 이 자리에서 엘리너 루스벨트는 결의에 찬 목소리로 이렇게 말했어.

"세계 인권 선언은 오늘 이 자리에서 반드시 채택되어야 합니다. 이 선언은 인간의 기본권과 자유에 대한 것으로 회원 여러분의 투표로 승인을 받아야 합니다. 그것이 전 세계를 위한 여러분의 임무라고 생각합니다. …… 우리는 오늘 유엔과 인류 역사상 위대한 출발점에 섰습니다. 세계 인권 선언은 전 세계 어느 곳에서나 모든 인류의 대헌장이 될 것입니다."

마침내 유엔 총회에서 세계 인권 선언이 정식으로 채택되는 순간이었어. 물론, 유엔의 모든 회원국이 세계 인권 선언을 적극 찬성했던 것은 아니야.

당시 유엔 회원국은 58개국이었는데, 소련을 비롯해 소련의 영향력 아래 있던 체코슬로바키아, 폴란드, 유고슬라비아, 우크라이나, 벨로루시 그리고 사우디아라비아와 남아프리카공화국 등 8개 나라가 기권을 했어.

하지만 국제 사회에서 인권에 대한 최초의 합의가 이루어졌다는 점에서 정말 그 의미가 깊다고 할 수 있어. 세계 인권 선언이 채택된 12월 10일은 '세계 인권의 날'로 기념하고 있단다.

인권 선언에서 인권 조약으로

세계 인권 선언은 생명권, 자유권, 평등권, 행복 추구권, 종교·언론·집회·결사의 자유, 교육권, 노동권, 최저 생활수준을 보장받을 권리 등을 강

조했어.

하지만 세계 인권 선언은 말 그대로 선언에 불과하단다. '선언'이란 도덕적 의무를 강조하는 것이기 때문에 지키지 않는다고 해서 법적으로 문제가 되지는 않으니까. 그래서 세계 인권 선언을 지키겠다고 말해 놓고는 실천하지 않는 나라가 많았어.

그러자 세계 인권 선언의 내용을 강제로라도 지키도록 국제 조약으로 만들 필요가 있었지. 결국 1966년 유엔 총회에서 〈시민적·정치적 제 권리에 대한 국제 규약〉과 〈경제적·사회적·문화적 제 권리에 관한 국제 규약〉을 채택했어. 이를 간단하게 〈자유권 조약〉과 〈사회권 조약〉이라고 부르기도 해.

이 밖에도 인권을 강조하는 많은 조약이 있단다. 이들 조약을 바탕으로 국제 사회에서는 인권 보호를 위한 협력을 강화하고 있는 거야.

지금부터 인권의 역사를 살펴볼 거야. 사실, 민주주의의 역사는 인권의 역사라고 말할 수 있어. 민주주의가 싹트면서 개개인의 자유를 소중하게 여기게 되었기 때문이지. 먼저, 민주주의가 탄생하기 이전에는 사람들이 어떻게 살았는지 생각해 보고, 민주주의가 탄생하기까지의 과정을 간단하게 살펴볼 거야. '사람이 꽃보다 아름답다!'는 것을 깨닫고, 인권을 지키기 위한 끊임없는 노력이 있었기에 우리가 오늘날 각자의 권리를 당당하게 주장할 수 있게 되었다는 걸 알 수 있을 거야.

2

인권은 하늘에서 뚝 떨어진 걸까?

민주화와 인권

인권의 출발점은 '평등'

신문이나 방송을 통해 인권에 대해 이야기하는 것을 자주 들었을 거야. 하지만 인권이 정확히 무슨 뜻인지 자신 있게 대답하기는 쉽지 않아.

인권은 사람 인人자와 권리 권權자가 결합된 말이야. 쉽게 말해 '사람의 권리'라는 뜻이지.

인권이란, 가난과 배고픔, 핍박과 공포, 차별과 박해로부터 벗어나 인간이 인간답게 살기 위해 반드시 필요한 '타고난 권리'를 말해. 인간으로 태어난 순간부터 갖게 된다는 의미에서 '천부적 권리'라고도 해. 영어로는 Human Rights라고 한단다.

"모든 인간은 평등하게 태어났습니다."

이것이 바로 인권의 출발점이야. 인권은 '모든 인간은 존엄하다'는 생각을 바탕으로 해. 누구나 존중받아야 할 소중한 사람이라는 뜻이지. 그런데 과연 이런 생각이 옛날부터 자연스럽게 전해 온 것일까?

세계 인권 선언에서 보았듯이, '인간의 권리'를 사람들이 절실하게 인식하게 된 것은 고작 60년 정도밖에 되지 않아. 앞에서 얘기한 것처럼 전쟁과 학살이라는 끔찍한 희생을 겪고 나서야 그 중요성을 깨닫게 된 거야.

노예에게도 인권이 있었을까?

옛날에는 '모든 사람'에게 인권이 주어지지는 않았어. 그것을 말해 주는 대표적인 것이 바로 '신분 제도'란다. 사전을 찾아보니 신분 제도를 이렇게 설명하고 있더구나. "직업·출신·재산·종교·지식·인종·민족 등 다양한 요소에 의해 서로 구분되는 인간 집단을 법이나 관습에 따라 특별한 권

한이나 의무 또는 권리 제한 등을 가진 세습적·폐쇄적인 사회 계층으로 고정시킨 제도다."

어때? 말이 좀 어렵지?

예전에는 태어날 때부터 사람들의 사회적 지위가 정해져 있어서, 이것을 뛰어넘는다는 게 하늘의 별따기 만큼이나 어려웠단다. 낮은 신분에 속하는 사람들, 특히 노예에 대한 차별과 박해를 당연한 것으로 여겼어.

노예의 신분을 타고난 사람들에게 과연 인권이라는 게 있었을까? 아니, 노예는 자신에게 인권이 있다는 걸 알기나 했을까? 슬픈 이야기지만 인류 역사를 통해 볼 때 노예는 한낱 짐승과 다를 바 없었단다. 주인이 때리면 맞고, 주인이 팔면 팔려가고……. 그것을 자신의 운명이라고 생각하며 살았어.

전쟁과 함께 시작된 노예 제도

그런데 노예 제도는 언제부터 생겨났을까?

인류의 역사를 볼 때 노예 제도는 전쟁과 함께 시작되었다고 할 수 있어. 다른 부족과 전쟁을 하고, 그 전쟁에서 잡아 온 포로를 죽이지 않고 노예로 부리기 시작하면서부터 노예 제도가 생겨났다고 할 수 있지.

노예를 의미하는 단어가 '포로 등의 목숨을 살려 주다' 라는 말에서 비롯되었다고 하니까, 대충 왜 그런지 알겠지?
　빚을 진 사람이 돈을 갚지 못하면 상대방의 노예가 되는 경우도 있었어. 보통 노예는 재산을 가질 수 없었고, 한 번 노예가 되면 그 아이들까지 평생 노예로 살아야 했어. 그때의 법으로 보면 노예는 물건이나 동물과 조금도 다를 바 없었거든.

노예 제도와 민주주의가 함께한 그리스

"저기 좀 봐. 이번에 잡아 온 포로 중에는 여자아이들이 많네."

고대 그리스의 한 도시에는 전쟁에서 잡아 온 노예를 사기 위한 사람들로 인산인해人山人海를 이루었어. 이윽고 한 상인이 자그마한 여자아이를 앞으로 끌고 나와 목소리를 높였어.

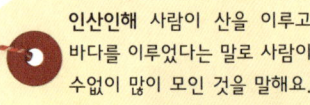
인산인해 사람이 산을 이루고 바다를 이루었다는 말로 사람이 수없이 많이 모인 것을 말해요.

"자, 여기를 보세요. 썩은 이가 하나도 없습니다. 노예를 고르려면 집에서 기를 가축을 고를 때처럼 이렇게 이빨을 봐야 한다고요. 보십시오! 이도 튼튼하고, 아이도 잘 낳을 것입니다."

아이는 자신의 운명이 앞으로 어찌 될 것인지 알지 못한 채 겁에 질려 커다란 눈만 이리저리 굴렸지. 이 아이는 아마 철이 들기도 전에 누군가를 주인님으로 모시며 평생 가축처럼 일만 하는 노예로 살아야 할 거야.

역설적이게도, 노예 제도는 민주주의가 꽃핀 아테네에서 가장 발전했는데, 아테네 인구수와 거의 맞먹는 수십만 명의 노예가 있었다고 해.

그리스 사람들은 이 노예 덕분에 힘든 노동을 하지 않고 여유롭게 정치와 학문에 몰두할 수 있었지. 덕분에 그리스에서는 뛰어난 사상과 철학이 탄생했고, 오늘날까지도 우리에게 전해지고 있는 거란다.

이름만 대면 누구나 알 만한 그리스의 유명한 철학자들 중에는 "노예에게는 인격이 없다.", "노예는 살아 있는 도구다." "노예와 짐승은 별 차이가 없다"라고 말한 사람도 있었다고 해. 고대 그리스의 민주주의는 겉모습만 민주주의였지 진정한 민주주의는 아니었던 거야.

그리스의 뒤를 이은 로마 제국 역시 전쟁을 자주 치렀기 때문에 노예 제도가 매우 성행했단다. 수많은 노예가 있었기에 로마의 '대토지소유제도'가 발전할 수 있었어. 대토지소유제도는 라티푼디움latifundium이라고도 하는데 로마 어로 '광대한 토지' 라는 뜻이야.

로마 인들에게 노예는 신분의 상징이어서 아무리 가난한 사람이라도 세 명 정도의 노예를 거느렸다고 해.

이처럼 그리스 인이나 로마 인 모두 노예가 필요하다고 믿었어. 그리스에서 노예는 사람의 말을 알아듣는다는 것 말고는 가축과 다를 바가 없었어. 그러니 노예의 해방이나 신분 상승은 상상조차 할 수 없는 일이었지.

그러나 로마의 노예 정책은 조금 달랐어. 주인과 노예 사이에 돈독한 우정이 생기면 주인이 노예를 풀어 주기도 했대. 그러나 이런 경우는 집에서 일하는 노예들에 한정된 것이고, 광산이나 농장에서 일하는 노예들의 생활은 매우 비참했다고 해.

그래서 누군가는 이렇게도 말했어.

"고대의 노예는 우리가 근대 산업 혁명의 시기에 연료로 사용한 석탄과 같은 존재였다."

결국 고대 로마는 석탄 대신에 노예라는 인간을 불태움으로써 존재했던 거야. 이런 노예 제도는 가난한 사람과 부유한 사람의 차이를 더 크게 했고 결국 노예의 대반란을 불러일으켰어. 스파르타쿠스의 반란이 대표적인 경우야.

농사짓는 노예, 농노

중세로 넘어오면서 유럽은 농업 중심의 봉건 사회가 되었어. 왕이 영주에게 토지를 나누어 주는 대신 영주는 적이 쳐들어오면 왕을 위해 군사를 이끌고 전쟁터로 나갔지.

왕에게 영토를 선물 받은 영주들은 재판권이나 세금 징수와 관련해서 왕의 간섭을 받지 않았어. 특히 외적의 침입이 잦아지자 영주들은 자신이 관리하는 지역의 실질적인 지배자가 되었단다.

영주가 다스리는 땅을 '장원'이라고 하고, 영주의 지배를 받는 농민들을 '농노'라고 불러. 농노는 농사짓는 노예라는 뜻이야. 영주는 농노들에게 자신의 토지를 경작하도록 했어.

영주에게 지배를 받는 농노들은 토지에 딸린 부속물 정도의 취급을 받았지. 누군가에게 땅이 넘어가면 농노도 함께 딸려 갔으니까. 당연히 농노에게는 자기가 원하는 곳에 살거나 또, 이사를 할 수 있는 권리가 없었단다.

그래도 농노는 그리스, 로마의 노예와는 달리 토지와 집 등 약간의 재산을 가질 수도 있고 결혼해서 가정을 꾸릴 수도 있었단다. 하지만 영주에게 빌린 토지를 경작하는 대가로 많은 세금을 바쳐야 했어. 방앗간 같은 시설도 영주의 소유였기 때문에 그런 시설들을 이용하려면 영주에게 대가를 치러야만 했지.

또한 일주일에 사흘 정도는 영주를 위해 영주의 땅에서 농사를 지어 주어야 했어. 중세는 '신앙의 시대'여서 일요일은 일을 하지 않았으니, 농민은 노동 시간의 절반을 영주를 위해 바친 거야.

그래서 이런 농노를 가리켜 '뿔 없는 소'라고 부르기까지 했다는구나. 그러니 이런 농노에게 무슨 권리가 있었겠니?

노예사냥

시간이 흘러, 대항해 시대가 열렸어. 대항해 시대란, 유럽 인이 새로운 항로와 신대륙을 발견하기 위해 활발하게 탐험했던 15세기에서 16세기까지를 말해. 포르투갈의 엔히크 왕자, 바르톨로메우 디아스, 바스쿠 다 가마,

마젤란, 콜럼버스 등이 이 시대를 주름잡던 사람들이야.

유럽의 식민지 정복이 시작되자 노예 제도는 다시 그 모습을 드러내기 시작했어. 포르투갈 사람들은 아프리카 서해안에서 흑인 노예들을 유럽으로 끌고 왔어. 특히 아메리카 대륙에 식민지 개척이 시작되면서 일손이 점점 더 많이 필요했어. 때문에 엄청난 규모의 노예 시장이 만들어졌단다.

아프리카에 살던 흑인들은 어느 날 갑자기 노예 사냥꾼들에게 끌려갔어. 고향을 떠나 몇 달 동안 노예선에 짐짝처럼 실려 아메리카 대륙으로 실려

가야 했지.

　오직 돈벌이에만 눈먼 상인들은 작은 배 안에 가능한 한 많은 노예를 태우려고 해서 배 안은 정말 비좁았어. 이 노예들은 사슬에 묶이고 족쇄에 채워진 채, 촛불도 탈 수 없을 정도로 산소가 부족한 공간에 내팽개쳐졌어. 물 한 모금 제대로 마시지 못하고, 악취와 전염병과 죽음의 공포 속에서 석 달이 넘는 시간을 참아 내야 했지. 대서양을 건너는 노예선은 그야말로 바다 위에 떠다니는 생지옥이었어.

　아메리카 대륙에 도착한 흑인들은 곧장 백인의 노예가 되었어. 부모가 노예면 아이들도 당연히 노예가 되어야 했어. 영문도 모른 채 행복하게 살던 집을 떠나 매 맞고, 굶주리며 하루하루를 비참하게 살아야 했단다. 과연 이들에게도 인권이란 것이 있었을까?

　이런 가혹한 노예 제도는 결국 노예 제도에 대한 찬반 논쟁을 불러일으켰고, 노예 제도 폐지론자들의 끈질긴 노력으로 점차 사라져 갔어.

　미국의 노예 제도는, 노예 제도의 폐지를 주장하는 북부와 노예 제도의 존속을 주장하는 남부 사이에 남북 전쟁을 불러왔어. 1865년, 남북 전쟁이 북부의 승리로 끝나면서 노예 제도가 없어졌단다. 그러나 그때까지 고통받고 죽어간 수많은 노예의 소중한 생명은 그 누가 보상해 줄까?

　오늘날, 노예 제도는 법적으로 분명히 금지되어 있어. 하지만 지금도 '노예처럼' 비인간적인 대우를 받으며 살고 있는 사람들의 안타까운 이야기를 언론 보도를 통해 종종 접하고는 한단다.

영웅도 하루아침에 처형당하는 마녀 사냥

프랑스에 한 소녀가 있었단다. 독실한 가톨릭 신자였던 이 소녀는 어느 날 "프랑스를 구하라"는 천사의 목소리를 들었다고 해.

당시 프랑스는 영국과 전쟁 중이었어. 소녀는 고향을 떠나 전쟁터로 갔어. 늘 흰옷을 입고 앞장서서 군대를 이끌었지.

어찌나 용감하게 싸웠던지 흰옷을 입고 선두에 서서 지휘하는 이 소녀의 모습만 보고도 영국군은 겁을 먹고 걸음아 나 살려라 도망가기 바빴다고 해.

덕분에 프랑스는 전쟁에서 큰 승리를 거두었지.

하지만 소녀는 결국 영국의 손아귀로 넘어가고 말았어. 복잡하게 얽힌 권력 다툼 때문에 말이야.

이 소녀는 왼손잡이였단다. 당시 유럽 사회에서는 오른쪽이 '솜씨 좋은, 영리한' 등 긍정적인 의미를 지닌 반면, 왼쪽은 '불길한, 꼴사나운, 사악한, 열등한' 등 부정적인 의미를 담고 있었다고 해.

그래서 악마는 왼손을 뻗은 모습으로 묘사되기도 했어. 이런 생각 때문에 왼손잡이들은 이교도나 마녀로 여겨서 종종 화형당하곤 했단다. 전쟁의 영웅이었던 이 소녀 또한 즉시 마녀로 몰려 화형당했어. 물론 시간이 한참 흐른 뒤, 가톨릭교회에서는 이 소녀를 성녀로 인정하기는 했지만.

이건 바로 그 유명한 프랑스의 애국 소녀 잔 다르크 이야기란다. 전쟁의 영웅이었던 잔 다르크도 마녀 사냥의 희생양이었어.

서양의 중세에 '마녀'는 대중에게 공포의 대상이었어. 종교 지도자와 같은 사람들한테 마녀로 몰린 여인은 온갖 고문을 당하고, 결국 목숨을 잃었단다. "저 여자는 마녀다!"라고 지목되면 대중들은 이성을 잃고 광기에 휩싸였어.

전쟁에서 나라를 구한 영웅마저 마녀로 몰아 처형했을 정도니, 마녀 사냥이 얼마나 무시무시한 것인지 짐작하겠지?

생각이 다르면 모두 마녀!

신분에 따른 차별 대우가 법으로 정해졌던 중세에 영주와 귀족 그리고 성직자는 여러 가지 특권을 보장 받았어.

반면 농노와 자유농민 그리고 상인과 같은 평민들은 그렇지 못했어. 농노나 특정 직업의 종사자는 시민의 지위는 말할 것도 없고 인간의 권리조차 누리지 못했어.

중세에는 교회의 힘이 막강했어. 중세는 신앙의 시대였고, 교회는 하느님의 말씀을 사람들에게 전달하는 곳이었으니까. 당연히 교회의 우두머리인 교황에게 최고의 권력이 있었어.

교황의 힘이 한창 정점에 이르렀을 때에는 교황이 허락해야 왕도 결혼식을 올릴 수 있었단다. 그러나 중세가 막을 내릴 즈음, 그 막강했던 교황과 교회의 힘도 서서히 기울기 시작했어. 하지만 마녀 사냥은 점점 더 기승을 부렸어. 아마 기울어 가는 교회의 힘을 그렇게라도 부여잡으려고 한 것인지도 몰라.

마녀 재판은 중세 교회가 만들어 낸 거야. 교회는 돈에 눈이 멀어 왕이나 귀족과 손잡고 교회에 돈을 많이 내는 사람은 천국에 간다고 속였어.

그런데 잘못된 종교와 교회를 개혁하려는 사람들은 하느님에 대한 믿음이 더 중요하다고 생각했어. 그래서 서서히 프로테스탄트Protestant가 싹트기 시작했어. 프로테스탄트는 로마 가톨릭에서 분리해 나간 여러 기독교를 이르는 말이야.

하지만 당시 교회는 프로테스탄트를 탄압했어. 이단으로 몰아붙이거나 마법을 쓰는 무서운 사람들이라는 소문을 퍼트렸지. 자신들과 생각이 다른 사람을 마녀라고 소문내고, 붙잡아서 심한 고문으로 거짓 자백을 받은 뒤 끔찍하게 처형시켜 버렸단다.

이단으로 몰려 처형당한 유대 인과 과학자

중세 유럽에서 유대 인은 예수를 죽인 사람들의 후손이라는 비난을 받았단다. 유대 인에 대한 차별은 정말 심해서, 종교 재판이나 마녀 사냥으로 처형당하는 일도 흔했지. 그래서 많은 유대 인이 이를 피해 멀리 도망치기도 했어.

1,000년이 넘는 중세를 거쳐 유대 인들은 다양한 형태로 핍박을 받았어. 유대 인은 기독교에서 달갑게 여기지 않는 고리대금업에 종사하는 사람이 많았어. 고리대금업이란, 돈을 빌려 주고 터무니없이 비싼 이자를 받아 내

는 직업을 말해.

　셰익스피어의 《베니스의 상인》이라는 작품에서 유대 인은 피도 눈물도 없는 고리대금업자로 비추어졌어. 유대 인에 대한 반감은 이렇게 중세부터 이어졌고, 결국 유대 인을 배척하려는 사상인 반유대주의로 발전하게 되었단다.

　과학 또한 교회가 보기에는 이단이었어. 과학자들의 주장이 신을 의심하는 행동으로 보였으니까. 지구가 태양의 주위를 돈다며 '지동설'을 주장한 갈릴레이가 이단으로 몰려 재판을 받은 것도 그 때문이야.

그때까지는 태양이 지구 주위를 돈다는 '천동설'을 진리라고 생각했어. 교회에서도 그것만 진리로 인정했지. 그런데 갈릴레이가 이것과 전혀 다른 주장을 폈으니, 결국 갈릴레이도 종교 재판을 받게 된 것이란다.

종교 재판에 회부된 갈릴레이는 '천동설'이 옳다고 거짓 자백을 할 수밖에 없었어. 안 그랬으면 갈릴레이는 어떻게 되었을까? "그래도 지구는 돈다"라는 갈릴레이의 유명한 말은 이렇게 해서 생긴 거야. 갈릴레이가 진짜 그렇게 말했는지는 확실하지 않지만 말이야.

흔히 중세를 암흑기라고 해. 말 그대로 매우 어두운 느낌이지. 물론 이 말에는 지나치게 부정적인 뜻이 담겨 있어서 요즘은 잘 쓰지 않지만, 교회의 가르침과 생각이 다르다는 이유만으로 사람을 화형에 처할 정도였으니, 그럴 만도 하다는 생각이 드는구나. 끔찍한 마녀 사냥을 통해 보니, 중세에 과연 인권이란 게 있었는지 의심이 들 정도야.

지금도 버젓이 살아 있는 마녀 사냥의 공포

한 연구에 의하면 전 유럽에서 최대 4만 명이 마녀 사냥으로 희생되었다고 해.

마녀 사냥의 희생자는 대부분 힘없는 여자들과 노인 그리고 어린이였어.

고발한 사람이 누군지는 비밀에 부쳐졌고, 고발당한 사람은 혼자 힘으로 결백을 증명해야만 했단다.

마녀 사냥은 증거를 조사하고 논리적으로 따지기 보다는, 비이성적이고 충동적인 경우가 많았어.

그런데 이 마녀 사냥은 참 생명력이 길어. 미국에서는 한때 공산주의를 싫어하는 사람들이 자신들과 다른 생각을 가진 사람을 공산주의자로 매도하는 '매카시즘'의 열풍으로 이어지기도 했단다. 공산주의자로 낙인찍히면 교수는 강단에서 쫓겨나고, 영화감독은 영화를 찍을 수 없고, 영화배우는 더 이상 영화에 출연할 수 없었어.

찰리 채플린이라고 들어 보았니? 영국에서 태어나 주로 미국에서 활동한 찰리 채플린은 흑백 무성영화 시대와 유성영화 초창기를 주름잡던 스타였단다.

당시 그는 천재 배우, 천재 감독으로 명성을 날렸지. 특이한 외모와 우스꽝스러운 몸짓, 콧수염과 중절모로 유명하지. 너희도 채플린의 영화를 직접 보게 되면 아마 웃음이 터져 나올 거야.

〈위대한 독재자〉라는 영화에서 채플린은 히틀러를 꼭 빼닮은 독재자와 이발사로 일인이역을 하면서 나치즘을 신랄하게 비판했어. 그런데 그런 채플린도 매카시즘의 열풍 속에서 '공산주의자'로 낙인찍혔단다.

〈위대한 독재자〉를 본 당시 미국의 비밀경찰인 FBI의 후버 국장은 이 영화가 독일의 나치뿐만 아니라 미국을 비판한다고 생각해서 부하들을 동원해 찰리 채플린의 모든 것을 샅샅이 캐냈단다.

FBI가 작성한 채플린의 파일은 1,900페이지에 이르는 방대한 분량이었다고 해. 채플린은 반미주의자·공산주의자로 완전히 낙인찍히게 되었어. 결국 채플린은 미국을 떠나 스위스에서 살 수밖에 없었어. 이게 다 비이성적인 매카시즘 때문이란다.

안타깝지만 오늘날에도 이러한 마녀 사냥이 종종 이루어진단다. 정치권에 대한 국민의 정당한 요구를 일부 정치인과 언론이 마녀 사냥하듯 여론을 조작해 묵살해 버리는 경우가 있거든.

인권 의식은 언제부터 싹텄을까?

그렇다면 사람들에게 인간답게 살아야겠다는 생각이 싹튼 것은 언제부터일까?

아주 오랜 시간 대부분의 사람은 그저 "이게 내 운명인가 봐.", "생긴 대로 태어난 대로 이렇게 살다가 죽는 것이 내 팔자인가 봐." 이렇게 자신의 타고난 환경을 운명과 팔자 탓으로 돌리며 살았어. 지금도 가끔 그런 어른들을 볼 때가 있을 거야.

자신의 환경을 모두 운명 탓으로만 돌린다면 앞으로의 삶이 과연 나아질 수 있을까? 하지만 모두 다 그렇게 생각한 건 아니었어. 아마 그랬다면 우리가 사는 지금 이 시대에도 노예들이 마치 물건처럼 시장에서 팔리고 있었을 거야.

"우리도 사람이다!"

사람으로 태어났으니 사람답게 살아야겠다고 소리 높여 외치는 목소리가 여기저기서 터졌어. 단지 권력을 쥔 사람들이 이런 목소리를 애써 외면

하고 탄압했을 뿐이야.

대부분의 사람이 마녀 사냥을 할 때도 이건 아니라고, 절대 이래서는 안 된다고 생각한 사람들이 있었어.

권력을 손에 쥔 사람들이 권력을 마구 휘두르며 선량한 사람들을 괴롭히자, 사람들은 뭉치기 시작했어.

지렁이도 밟으면 꿈틀한다는 말이 있지? 더는 참을 수 없게 된 사람들의 머릿속에 새로운 세상을 만들어야겠다는 생각이 싹튼 거야. 잘못되어도 한참 잘못되었으니 왕창 뜯어고쳐야 한다고 생각한 거지.

사람이 꽃보다 아름답다!

너희도 이 말을 한번쯤 들어 보았겠지? 우리 인간은 한 사람 한 사람 다 고귀한 존재들이야.

16세기, 유럽에서는 로마 가톨릭교회에 반대하는 종교 개혁 운동이 일어났어. 당시 가톨릭교회에서는 죄를 지은 사람이 교회에 돈이나 재물을 바치면 그 죄를 면죄한다는 증서인 면죄부를 판매했어. 돈에 눈이 어두워 무차별적으로 면죄부를 판매했단다.

종교 개혁은 1517년에 루터가 가톨릭교회를 향해 '95개조의 반박문'을 작성하고 면죄부 판매를 비판하면서 시작되었어. 그 결과 가톨릭교가 분리되었고 앞서 말한 프로테스탄트 교회가 생겨난 거란다.

이를 계기로 사람들은 서서히 모든 것을 인간 중심으로 생각하기 시작했어. 신이 있기에 내가 있는 것이 아니라, 내가 있기에 신이 있다는 생각을 하게 된 거지. 교회가 신을 이용해 부패했던 것을 생각하면, 사람들의 이러한 변화는 어쩌면 너무나 자연스러운 것인지도 몰라.

당시 이탈리아는 활발한 무역을 통해 상업과 화폐 경제가 발달했어. 화폐 경제는 돈으로 물건을 사고팔거나, 돈을 주고 사람에게 일을 시키는 모든 활동을 말하는데, 이렇게 되니 자연히 도시가 번창하게 되었지. 상업이 발달하고 도시가 번창해가는 가운데 사람들 사이에 자유롭고 창조적인 사고방식이 싹트게 되었는데, 이것을 르네상스라고 한단다.

르네상스란, 원래 '다시 태어남'을 의미하는 프랑스 말이야. 르네상스는 고대의 그리스 로마 문화를 모델로 삼고, 그때처럼 새 문화를 창조하려는 운동이야. 사상·문화·미술·건축 등 다방면에 걸쳐 르네상스의 영향을 받았지.

이탈리아를 중심으로 피어난 르네상스는 학문과 예술의 부활, 인간성 회복을 강조하는 문화 운동이라고 할 수 있어. 르네상스를 주도한 사람들을 '휴머니스트'라고 부른단다. 휴머니스트들은 교회의 권위에서 벗어나 지식과 이성에 따를 것을 강조했어.

당시 유럽 대륙에서는 중세의 질서가 붕괴되고, 군주가 절대적인 힘을 가진 '절대왕정'이라는 새로운 질서가 형성되었어. 그러면서 수많은 변화가 일어났지. 특히 유럽의 여러 나라가 종교와 왕조, 영토 등 다양한 이유로 30년 동안 벌인 '30년 전쟁'을 계기로 정치적, 경제적, 종교적 문제들이 한꺼번에 드러났단다.

한편, 당시 유럽은 과학 혁명이라는 새로운 변화의 한가운데에 놓여 있었어. 지구가 태양의 주위를 돈다는 태양 중심설(지동설)을 주장하는 코페르니쿠스의 《천체의 회전에 관해》라는 책의 출판부터, 뉴턴의 '만유인력의 법칙'에 이르기까지, 실로 과학 혁명이라고 부를 만했지.

이 과학 혁명은 유럽 문화에 엄청난 변화를 불러일으켰단다. 천문학, 역학, 생리학은 완전히 새로운 과학으로 대체되었고, 앞서 설명한 것과 같이

모든 것을 신 중심으로 생각해 오던 사람들이 서서히 인간과 물질 중심으로 생각하기 시작했어. 갈릴레이는 직접 망원경을 제작해 하늘을 관측한 뒤, 코페르니쿠스의 태양 중심설을 증명하는 과학적 증거들을 제시했단다.

종교 개혁과 르네상스 그리고 과학 혁명, 이러한 변화 덕분에 사람들의 생각도 조금씩 트일 수 있었던 거야. 사람을 중심으로 생각하면서 '사람이 꽃보다 아름답다'는 것을 알게 된 거지.

국가는 인권을 보장하라!

르네상스 시대로 접어들면서 비로소 오늘날과 비슷한 국가의 틀이 갖추어졌어. 자연스레 민주주의가 싹트면서 개인의 자유를 강조하는 새로운 흐름이 생겨났던 거야. 민주주의와 함께 인권 운동도 시작되었다고 볼 수 있어. 그래서 인권의 역사를 민주주의의 역사라고 하는 것이란다.

물론 교회의 힘이 줄어들고, 국가의 힘이 커졌다고 해서 곧바로 민주주의가 시작된 것은 아니었어. 이번에는 국가의 왕이 모든 것을 쥐고 흔드는 사회가 되었거든.

국가의 힘이 커지자, 이제는 국가가 사람들을 억압하기 시작했어. 그러자 사람들은 '국가의 권력'과 '개인의 자유'에 대해 고민하게 되었단다.

그중 하나가 자연법사상이야.

자연법사상은 모든 인간은 결코 남에게 넘겨줄 수 없는 절대적인 권리를 갖는다고 주장했어. 이러한 자연적인 권리를 보장하려고 '사회 계약'에 따라 국가를 만들어 냈다고 보았지.

사회 계약설은 모든 것을 신(神) 중심으로 생각하던 낡은 틀을 벗어던지고 자유와 평등을 바탕으로 새로운 사회를 건설하려는 근대 시민 혁명의 사상적 기반이 되었단다. "국가 권력은 '인권을 보장'하기 위해 만들어졌다"고 주장하면서, 근대적인 인권 보장을 정당화하는 이론적인 틀을 마련해 주었던 것이란다.

인권을 향한 첫걸음, 프랑스 혁명과 인권 선언

1789년, 파리 시청 앞에 모인 수많은 여인이 베르사유 궁전을 향해 행진했어. 여인들의 머릿속에는 오직 한 가지 생각뿐이었단다.

"아이들을 이렇게 굶겨 죽일 수는 없어."

궁전에 도착한 여인들은 빵을 달라고 외쳤어. 당시 사치를 일삼던 왕비 마리 앙투아네트가 성난 군중을 향해 빵이 없으면 과자를 먹으면 될 게 아니냐고 말했다고 알려질 정도로 백성들의 불만이 극에 달했다고 해.

파리 동쪽, 성 안토니 거리의 야트막한 주택들의 지붕 위에 거대한 회색 성벽과 탑이 솟아 있어. 바로 바스티유 감옥이야. 범죄자들을 가둔 곳이지.
"가자! 바스티유를 공격하자!"
왕의 잘못된 정치에 반대하는 정치범을 가두어 놓았던 이 바스티유의 감옥으로 사람들이 쳐들어갔어. 프랑스 혁명은 이렇게 시작되었어. 프랑스의 시민들은 민주주의와 인권을 거부한 낡은 국가를 무너뜨렸어.
프랑스 혁명은 자유, 평등, 박애의 정신에 입각해 "모든 사람은 태어나면서부터 자유롭고 평등할 권리가 있다. 법 앞에서는 누구나 평등하다"는 내용의 인권 선언을 발표하는 계기를 마련해 주었어. 그리고 민주주의와 인권의 발달에 기여한 큰 사건이라고 할 수 있어.

법 앞에서 누구나 평등하다는 프랑스 혁명의 이념은 신분으로 사람을 차별하는 것을 당당하게 거부했어. 이로써 인권이 존중되는 근대적 질서가 자리 잡을 수 있게 되었어.

인권이라는 말은 언제부터 쓰였을까?

인권이라는 단어는 영국의 혁명가 토머스 페인Thomas Paine이 자신의 책 《인간의 권리Rights of Man》에서 처음으로 사용했다고 해.

여기서 '인간의 권리'는 프랑스 혁명 이후 프랑스 의회가 '헌법'의 머리말로 채택한, 〈프랑스 인권 선언〉에 쓰인 '자연권'을 번역한 것이야.

그러니까 오늘날 우리가 사용하는 인권의 개념은 '태어날 때부터 인간에게 부여되었다고 여겨지는 절대권'으로, 자연법사상에 그 뿌리를 두었다고 할 수 있단다.

'모든 사람'은 자유롭고 평등하게 태어났으며 그 권리는 어느 누구도 빼앗을 수 없다는 생각은 이렇게 오랜 박해 끝에 생겨난 거란다. 결국 18세기가 되어서야 인권의 개념이 등장한 거지.

하지만 불행하게도 여기에서 말하는 '모든 사람'이라는 말에 여자와 아이들은 포함되지 않았어. 당시 사람들은 여자는 열등하기 때문에 남자보다 못한 대우를 받는 것이 당연하다고 생각했단다.

어쨌거나 이런 변화만으로도 큰 의미가 있단다. 이제 신분에 바탕을 두었던 차별이 무너지고, 개인의 권리가 중시되는 근대적인 질서가 자리 잡기 시작했다고 볼 수 있으니까.

우리나라의 인권 운동

지금까지 외국의 경우를 주로 살펴보았어. 그렇다면 우리나라에는 인권 운동이 없었을까? 유교를 떠받들던 조선 시대까지만 하더라도 우리나라는 양반과 중인, 상민, 천민으로 나뉜 철저한 신분제 사회였어.

신분에 따라 사람들의 권리와 의무가 달랐지. 농민들은 손바닥만 한 자기 땅에서 농사를 짓거나, 지주의 땅에서 농사를 지었어. 거기에 '종'이라고 불린 노비들, '백정'처럼 천하게 여기며 무시당하는 직업의 사람들도 있었어. 이런 조선에서도 프랑스보다는 한참 늦었지만, 인권을 찾으려는 운동이 있었단다.

조선 시대 말, 서양의 새로운 학문과 사상이 물밀듯 들어왔어. 이때, 이런 서양의 학문과 종교에 반대해 우리 민족 스스로 일으킨 운동이 바로 '동학'이란다. 동학이 내세운 것은 '만민 평등사상'이었어. 상민도 없고, 양반도 없으며, 앞으로는 모든 사람이 평등한 세상이 열린다고 했지.

하늘이 처음 열리던 때 우주의 기운을 받아 피어난 생명, 꽃, 모두가 소중하고 아름다웠어. 사람도 하늘이었지. 양반도, 평민도, 다 하늘이었어. 그런데 신분이라는 걸 만들어 사람을 분류하고, 신분이 낮은 사람을 무시하고 괴롭혔으니 삶이 얼마나 고달팠을까?

이때 "사람이 곧 하늘이다! 그러므로 사람은 평등하며 차별이 없나니, 사람이 마음대로 귀하고 천함을 나누는 것은 하늘을 거스르는 일이다"라는 소리가 들려왔어.

엄격한 신분제 사회에서 '사람이 곧 하늘'이라는 생각은 사람들에게 새로운 희망을 안겨 주었단다.

조선 후기, 전라도 고부군의 군수였던 조병갑은 오랫동안 농민에게 많은 세금을 거두었어. 그것도 모자라 땅을 빼앗거나 강제로 일을 시키는 등 못된 짓을 일삼았지.

부패한 관리의 행패와 무거운 세금을 견디지 못하고 수많은 농민이 함께 '동학 농민 운동'을 일으켰단다.

이 운동은 점차 전국으로 확대되었고, 노비들은 자신들을 노비 신분에서 풀어 주고 농사지을 땅을 공평하게 나누어 달라고 요구했단다.

하지만 당시 나라에서는 농민들의 이런 주장을 받아들이지 않았어. 오히려 농민들을 억누르려고 청나라에 지원군을 요청했지. 결국 일본 군대까지 우리나라에 들어오게 되었어. 관군과 일본 군대에 맞서 싸우던 농민들은 마지막 우금치 전투에서 패하고, 전봉준을 비롯한 농민 운동의 지도자들은 처형당하고 말았단다.

드디어 헌법으로 인권을 보장받다

　18세기에 이르러 국민의 기본권을 분명히 밝힌 문서들이 속속 그 모습을 드러냈어. 1776년 미국의 〈버지니아 권리 장전〉과 〈독립 선언문〉, 1789년 프랑스의 〈인간과 시민의 권리 선언〉이 대표적인 것들이지.

　〈버지니아 권리 장전〉에는 "모든 사람은 태어나면서부터 평등하며 자유롭고 독립되었으며", 자신이나 자신의 후손들은 빼앗길 수 없는 "천부의 권리를 갖는다"고 적혀 있어. 〈권리 장전〉에는 정치권력의 강제적인 지배에 대항해 인권을 보장하라고 촉구했지.

　1776년, 영국의 식민지였던 미국이 독립했어. 당시 미국은 '독립 선언'을 하면서 모든 사람은 평등하게 창조되었고, '천부의 인권' 인 기본권은 아무에게도 양도할 수 없다고 선언했어. 미국 민주주의의 시작이라고 할 수 있는 〈미국 독립 선언문〉에는 이렇게 쓰여 있어.

　"모든 사람은 평등하게 태어났다. 조물주는 양도할 수 없는 권리를 인간에게 주었으며, 그 권리 중에는 생명, 자유 그리고 행복의 추구가 있다. ……정부는 모든 사람의 생명과 자유, 행복을 추구할 권리를 보장하기 위해 만들어졌으므로, 어떠한 정부든 이 목적에 어긋난다면 국민은 그 정부를 바꾸거나 없애고 새로운 정부를 만들 권리가 있다."

프랑스 혁명의 열기 속에서 발표된 프랑스 인권 선언, 즉 〈인간과 시민의 권리 선언〉은 인간의 평등한 권리를 강조했어. 자유권을 행사하지 못하는 부분은 오직 법률에 의해서만 정한다는 것을 분명히 했어. 또한 권력은 분립되어야 하며, 주권은 국민에게 있고, 국민에게는 저항권이 있다는 점을 명백하게 인정했단다.

미국의 〈버지니아 권리 장전〉과 〈독립 선언문〉, 프랑스의 〈인간과 시민의 권리 선언〉과 같은 문서에는 인간은 태어날 때부터 하늘에서 부여한 생명, 자유, 재산 등에 대한 권리_{천부 인권}가 있고, 자유롭고 평등한 개인들의 합의와 계약에 의해 설립된 국가는 이러한 권리를 보장하려 노력해야 한다고 밝히고 있어. 이러한 정신은 현대 자유민주주의 국가들의 헌법에 그대로 나타나 있지.

민주주의 국가에서는 헌법으로 인간의 존엄성과 국민의 기본권을 대부분 보장하고 있어. 헌법은 국가의 기본적인 질서를 규정해 놓은 것으로, 국가의 조직과 구성 그리고 국가가 어떻게 움직여야 하는지를 정하고, 국민의 기본권을 보장하는 법이야.

미국 독립 혁명과 프랑스 혁명의 과정에서 발표된 선언문의 원칙과 내용은 오늘날의 민주주의 헌법에 그대로 반영되었어. 민주주의 헌법에는 인권이란 양도할 수도 침해할 수도 없는 권리라는 점, 또한 정부는 이러한 인권

을 보장하기 위한 수단이라는 것이 분명하게 담겨 있어. 이것은 근대적 인권 보장의 든든한 버팀목이 되고 있단다.

지금의 우리는 '인권'이라는 말을 당연한 것으로 여기며 살아가고 있어. 그럼 옛날보다 지금 우리의 인권은 훨씬 더 잘 보호받고 있을까? 흔히 21세기를 정보화 시대라고 말하는데, 정보화 사회에서 인권은 어떤 대접을 받고 있을까? 정보화 사회에서 국가는 어떤 역할을 해야 할까? 정보화의 혜택이 많은 사람에게 골고루 돌아가도록 하려면 어떤 노력이 필요할까? 누군가 정보를 독점한다면 어떤 결과가 생겨 날까?

3

난 누구의 방해도 받고 싶지 않아

정보화와 인권

댓글도 내 마음대로 못 단다고?

초등학교 6학년인 지호는 하루에 2시간씩 컴퓨터를 해. 지호는 미니홈피에 자신의 사진도 올리면서, 가 본 곳 먹어 본 것에 대해 일기 쓰듯 기록하는 걸 아주 좋아한단다.

그리고 친구들이 자신의 글을 읽고 댓글을 달아 주는 걸 좋아해. 지호도 친구들처럼 다른 블로그나 미니홈피에 들어가서 많은 정보를 얻지.

인터넷은 공부할 때도 큰 도움이 돼. 특히 사회 숙제를 할 때는 검색어를 치기만 하면 필요한 정보가 줄에 매단 굴비처럼 줄줄이 올라오거든. 물론 가끔 정확하지 않은 정보를 골라내느라 애를 먹을 때가 있기는 하지만 말이야.

정보화 시대를 살아가는 우리에게는 이처럼 누구나 동등하게 정보에 접근하고, 자신의 관심과 생각을 자유롭게 표현할 권리가 있어. 이것 역시 기본적인 인간의 권리란다.

며칠 전이었어. 지호는 지난봄 부모님과 함께 유럽 여행을 가서 찍은 사진을 미니홈피에 올렸어. 그런데 그 사진 아래 이런 댓글이 달렸어.

"유럽 여행 갔다 왔다고 자랑하는 거야, 뭐야? 그리고 너 얼굴 진짜

크다!"

이것뿐이었다면 그냥 참을 만했어. 하지만 그 밑에는 더 심한 욕설도 있었단다.

처음에는 친한 친구가 장난삼아 올린 글인 줄 알았어. 하지만 그 글은 로그인도 하지 않고 남긴 것이었어. 지호는 기분이 나빠서 그날 저녁 내내 우울했지. 누굴까? 누가 나한테 이렇게 함부로 말을 하는 걸까?

'사이버 수사대에 신고해서 어떤 사람인지 알아낼까? 그래서 나도 똑같이 복수하는 거야. 야, 그러는 너는 얼마나 잘났냐?'

그러다 문득 이런 생각이 떠올랐어.

'아니, 그래서 뭐 어떻게 하자는 거야? 그래 봤자 그 사람하고 똑같은 사람만 되잖아? 에이, 몰라!'

아마 많은 어린이가 이런 경험을 한두 번씩 해 봤을 거야. 그럴 때, 기분이 어땠니? 악성 댓글을 참다못한 연예인이 네티즌을 고소했다는 이야기도 들어 보았지?

"에이, 뭐 그까짓 것 가지고 고소를 해요? 자신의 생각을 자유롭게 표현하고 정보를 함께 나누는 것이 우리 인간의 권리라면서요?"

물론 맞는 말이야. 하지만 만약 그 표현이 다른 사람의 기분을 크게 상하게 한다면 어떨까? 남이 무심코 남긴 글 한 줄에 큰 충격을 받고 고민하다가 스스로 목숨을 끊었다는 연예인의 기사를 보았을 거야.

이렇게 함부로 댓글을 다는 행동 역시 타인의 인권을 침해하는 것이라고 볼 수 있어. 자유로운 의사 표현은 당연히 존중되어야 해. 하지만 자신의 권리만 지나치게 내세우다 보면 남의 권리를 소홀히 생각하거나, 아무렇지도 않게 침해할 수 있어. 그리고 안타깝게도 인터넷은 너무도 쉽게 타인의 인권을 침해할 소지가 있단다.

인터넷상에서 상대방에게 성적인 수치감을 들게 하는 행동 역시 심각한 인권 침해에 해당 돼.

인간이 동물과 다른 것 중 하나는 우리 인간이 언어를 갖기 때문이라고 해. 하지만 이 언어가 때로는 우리 인간에게 커다란 상처를 주기도 한단다. 이런 일을 한 번 당하고 나면 칼에 찔리거나 몽둥이에 온몸을 두들겨 맞은 것처럼 심한 몸살을 앓곤 하니까.

옛날에는 상상도 할 수 없었던 것들이 현대를 살아가는 우리에게 새로운 무기로 등장한 것이란다. 그래서 표현의 자유는 가장 기본적인 권리지만,

나와 남의 권리를 보호하고, 또 건전한 가치를 지켜 나가기 위해 어쩔 수 없이 일정한 제한을 둘 필요가 있게 되었어.

자신의 의견을 자유롭게 표현하는 것은 좋지만 상대방의 인격을 존중할 줄 아는 태도가 우선이겠지?

누구의 방해도 받지 않고 살아갈 권리가 있어

〈세계 인권 선언〉 12조를 보면, 인간은 누구의 방해도 받지 않고 살아갈 권리가 있다고 했어. 이것을 프라이버시권이라고 해. 프라이버시권이란, 개인의 사생활이 함부로 공개되어서는 안 된다는 것과 누구에게도 간섭받지 않아도 된다는 권리를 말해. 누구에게나 숨기고 싶은 비밀이 있는 거니까.

나와 관련된 내용을 공개할 것인지 말 것인지를 내가 결정하는 권리, 그것이 바로 프라이버시권이라고 할 수 있어.

"모든 국민은 사생활의 비밀과 자유를 침해받지 아니한다." 대한민국 헌법 제17조

학교 앞에서 연필이라든가 사탕을 나누어 주면서 주소와 전화번호를 수집해 가는 어른들을 종종 보지? 또 인터넷에서 경품이나 상품 등을 주며 회원 가입을 권유하면서 개인 정보를 수집하는 것을 보았을 거야. 이렇게 수집된 정보는 필요한 사람들에게 싼값으로 팔아넘기는 경우가 많아.

　어쩌면 이런 것 자체는 그다지 큰 문제가 아닐지도 몰라. 하지만 그렇게 수집한 개인 정보를 마음대로 도용해서 우리의 사생활을 간섭한다면, 그게 바로 인권 침해에 해당되는 거야.
　남의 집, 남의 편지, 남의 사진을 몰래 보는 것, 공개하기를 꺼려하는 개인적인 일들을 폭로하고, 사실이 아닌 것을 마치 사실처럼 널리 퍼뜨리는 것, 돈벌이를 목적으로 다른 사람의 이름, 사진을 이용하는 것, 이 모든 것이 프라이버시권 침해에 해당되는 내용이란다.
　과거에는 주로 국민의 알 권리를 위임받은 언론이 정치인이나 연예인처럼 유명인의 사생활을 뉴스로 보도하면서 사생활 침해가 발생하는 경우가 많았어. 이를테면, 개인의 허락도 받지 않고 그 사람이 공개하기 싫어하는 개인적인 일들을 기사화해서 무분별하게 보도하는 경우가 여기에 해당된다고 할 수 있어.

정보화 사회가 되면서 이와 같은 소문들이 매우 빠른 속도로 수많은 사람에게 전달되고 있어. 그 소문이 사실인지 아닌지 확인할 시간도 없이 마치 사실인 것처럼 퍼져 나간단다. 이처럼 정보 통신의 발달로 개인의 사생활 침해는 당사자도 모르는 사이에 걷잡을 수 없는 속도로 퍼져 나가지.

인터넷에서의 명예 훼손도 사생활 침해와 밀접한 관련이 있단다. 명예 훼손은 나쁜 뜻을 품고 사실 또는 거짓말을 퍼트려서 개인의 사회적 명성에 손상을 입히는 행위란다.

프라이버시권 침해가 개인의 감정을 해치는 경우에 해당된다면, 명예 훼손은 개인의 사회적인 평가를 해치는 경우인 거지.

인터넷에 정보를 올릴 때, 제대로 알지도 못하는 내용을 마치 소설을 쓰듯 마음대로 지어내 이야기를 적는 것은 남의 명예를 훼손하는 행동이니 조심해야 한단다.

꼭 담을 넘어야만 도둑이 아니야

찬욱이는 컴퓨터를 퍽이나 좋아해. 새로 나온 게임은 물론, 컴퓨터에 대

해서라면 척척박사야. 친구들이 컴퓨터에 대해 물어보면 막힘없이 술술 이야기를 한단다.

찬욱이는 자기의 실력을 자랑하고 싶었어. 그래서 어느 날, 컴퓨터를 켤 때 캐릭터 그림이 '팡' 하고 튀어나오게 하고 몇 분 동안 모니터를 깜빡거리게 하는 프로그램을 만들어 친구들에게 보냈어. 그렇게 되면 컴퓨터가 고장 났다고 생각한 친구들이 자신을 찾아올 것이라고 믿었던 거지.

그리고 친구의 컴퓨터에 몰래 들어가 재미난 사진을 빼내 다른 친구들에게 보내 주었어. 찬욱이는 이런 모든 것이 심각한 인권 침해라는 것을 몰랐어. 컴퓨터 바이러스를 만들어 퍼트리고, 친구의 컴퓨터를 해킹까지 하면서도 말이야. 꼭 남의 집 담을 넘어야만 도둑이 아닌 거야. 개인의 정보를 몰래 빼오는 것도 도둑질에 해당된단다.

내가 쓴 글이 여기저기 마구 돌아다녀요

인터넷에 재미난 판타지 동화를 쓰는 것이 취미인 미라는 틈날 때마다 조금씩 소설을 써서 꾸준히 자기 블로그에 올려. 미라는 미래의 꿈이 글을 쓰는 작가거든. 그래서 미리 연습 삼아 습작을 하는 것이란다. 자신의 블로그에 글을 올리면서 친구들의 반응도 살펴보고 글쓰기 연습도 할 수 있어서 아주 좋대.

　가끔씩 친구들이 보내 주는 글도 아주 좋아해. 친구들의 글을 보는 것도 글을 쓰는 데 많은 공부가 되거든. 그런데 어느 날, 한 친구가 보내온 글을 보고 깜짝 놀랐어. 그 글은 미라가 쓴 동화였거든. 주인공의 이름만 다를 뿐 모든 게 똑같았어.

　내가 만든 노래, 내가 찍은 사진, 내가 그린 그림, 내가 쓴 소설, 이것 모두 나의 재산이란다. 집이나 자동차만 재산이 아니야. 이 모든 것들도 주인이 있는 물건과 마찬가지로 하나의 재산이란다.

　아무리 손쉽게 얻어 내 컴퓨터에 담은 것이라 하더라도 엄연히 주인이 따로 있는 물건이라는 뜻이야. 이런 물건을 '지적 재산' 이라고 해. 그리고 이와 같은 지적 재산에도 당연히 권리가 있어. 그것이 바로 '지적 재산권' 이란다.

한 작가가 몇 년 동안 외국을 오가며 자료를 조사한 뒤, 멋진 작품 하나를 완성했다고 해 보자. 그 작품에는 작가의 엄청난 노력과 정성이 담겨 있을 거야. 하지만 사람들이 정식으로 책을 사 보지 않고, 불법으로 다운로드 받는다면 어떻게 될까? 아마 이 작가는 두 번 다시 시간과 돈을 들여가며 창작 활동을 하지 않을 거야.

그렇게 되면 작가들이 하나 둘 사라지게 될 테고, 어쩌면 이 세상에 책과 노래와 영화 등등이 모두 사라져 버릴지도 몰라. 결국 우린 이미 다 봐 재미없고, 시시한 영화와 책을 보고 또 봐야 하는 세상에서 살아야 할지도 몰라. 당연히 노래를 만드는 사람, 글을 쓰는 사람들의 지적 재산권을 정당하게 인정해 주어야 해. 내 집에서 내가 살아갈 권리가 있는 것처럼, 내가 만든 작품에 대해서도 정당한 권리를 인정해 주어야 하는 거란다.

자신의 지적 재산권을 인정받는 것 또한 기본적인 인간의 권리이기 때문이지.

디지털 시대에 꼭 필요한 지적 재산권

우리는 흔히 구세대와 신세대를 아날로그 세대와 디지털 세대라고 구분해서 이야기해. 정보화 사회는 당연히 디지털 세대가 주역이라고 할 수 있단다.

디지털 시대에 들어서면서 지적 재산권 침해는 아날로그 시대와는 비교가 안 될 정도로 심각한 사회 문제가 되었어.

옛날에는 음악 테이프를 복사하거나 책을 복사하는 과정에서 음질이나 품질이 많이 떨어졌어. 물론 당시에도 이와 같은 불법 복제가 저작권 침해가 되었어. 하지만 디지털 시대에는 이런 문제가 훨씬 더 심각한 사회 문제가 된단다.

예를 들어 볼게. 아날로그 방식의 음반은 똑같은 음질을 유지하며 복제하는 것이 거의 불가능해. 하지만 요즘 우리가 즐겨 듣는 디지털 음원인 MP3 파일은 아무리 많이 복사해도 음질이 전혀 달라지지 않아.

음질도 좋고, 양적으로도 무한정 복제할 수 있어. 게다가 빠른 시간에 손쉽게 전파가 가능해졌어. 그러니 지적 재산권 문제를 심각하게 받아들이지 않는다면 정말 엄청난 피해를 낳게 될 거야.

열심히 땀 흘린 노동에 대한 정당한 대가를 받는 것이 옳다고 생각하지? 그렇다면 지식 노동에 대해서도 정당한 대가를 지불해야 하는 거야.

카피레프트 운동이 뭘까?

하지만 지적 재산권과 관련해서는 논란이 많아. 혹시 카피레프트 운동이라고 들어 보았니?

카피레프트는 지적 재산권의 영어 표현인 카피라이트Copy+Right와 반대되는 개념을 바탕으로 등장한 운동이야.

너희가 알고 있듯이, Right라는 영어 단어에는 '권리' 말고도 '오른쪽'이라는 뜻도 있어. 이 단어를 절묘하게 활용해 카피레프트Copy+Left라는 단어를 만들었어.

지적 재산권의 보호가 가난한 발명가가 아닌 **다국적 기업**의 이익을 보장해 주어서, 카피레프트 운동은 나름대로 의미가 있단다.

> **다국적 기업** 세계 여러 나라에 회사를 두고 세계를 무대로 생산하고 판매하는 대기업을 말해요.

사람들은 흔히 카피라이트의 대표적인 인물로 마이크로소프트사의 빌 게이츠를, 카피레프트 운동의 대표적인 인물로 리처드 스톨만을 이야기해.

이제는 대표직에서 은퇴했지만 빌 게이츠는 컴퓨터를 처음 켰을 때 나오는 윈도우를 개발한 마이크로소프트사의 대표였어. 그는 소프트웨어를 만들어 떼돈을 벌었지.

이에 비해 리처드 스톨만은 미국 매사추세츠 공과대학MIT 출신으로 소프트웨어 개발에 천재적인 사람이야. 하지만 이익을 위해 회사를 차리지 않고, '자유소프트웨어 재단'을 설립해 카피레프트 운동을 해 나갔단다.

리처드 스톨만은 소프트웨어의 코드를 일반인에게 공개해야 더 많은 사람이 그 소프트웨어의 단점을 찾아내 소프트웨어를 업그레이드 할 수 있고, 이것이 바로 발전의 지름길이라고 믿었단다.

카피레프트 운동의 참여자들은 인류가 함께 누려야 할 문화유산이 어느 특정한 개인이나 기업의 이익에만 쓰이는 것을 반대해. 그리고 어떤 한 사람이나 단체가 정보를 독점하는 것도 반대해. 그렇다면 카피레프트 운동이 인권과 무슨 관련이 있을까?

누군가 정보를 독점해 버린다면?

만약 모든 정보가 누군가에게 독점된다면 어떤 일이 벌어질까?

카피레프트 운동에 대한 이야기를 꺼낸 이유가 바로 여기에 있단다. 정보화 사회에서 정보가 한 개인이나 단체에 독점되었을 때 생기는 문제점을 이야기하기 위해서란다. 그걸 다른 말로 정보화 사회에서의 '빅 브라더의 등장'이라고 표현해.

빅 브라더란, 영국의 소설가 조지 오웰 George Orwell, 1903~1950 의 소설 《1984년》에서 비롯된 용어야. 소설 《1984년》에서 빅 브라더는 '텔레스크린'이라는 것을 통해 사회를 계속 감시해. 이런 감시 시스템은 사회 곳곳, 심지어는 화장실에까지 설치되어 있어.

옛날에는 이러한 것들이 현실과는 먼, 그저 소설 속에서만 등장하는 이야기라고 생각했어. 그러나 정보 기술의 발달로 소설처럼 실제 사회에서도 정말 그런 일이 시작된 것은 아닐까 많은 사람이 걱정하고 있단다.

예를 들어 보자. 월드컵 경기장처럼 넓은 곳을 떠올려 봐. 관중석 하나하나가 방이고, 각자 자신의 방에 앉아 있어. 그런데 문이 없기 때문에 밖에서도 안을 훤히 들여다볼 수 있단다.

게다가 운동장 한가운데에 높다란 탑이 있어서 그곳에서 누군가가 24시간 우리의 행동 하나하나를 들여다본다고 생각해 봐. 사방에 CCTV가 깔렸고, 주변은 온통 도청장치로 가득해. 그런 상황에서 우리는 자유롭게 행동할 수 있겠니?

마찬가지로, 누군가가 나에 대한 모든 정보를 가지고 있다고 생각해 보자. 내가 무엇을 먹었는지, 어디를 갔었는지, 누구를 만났는지, 시시콜콜한 것까지 모두 알 수 있는 거대한 시스템이 갖추어져 있다면? 정말 상상만 해도 끔찍하지 않니? 이런 사회에서는 개인의 인권을 제대로 보장받을 수 없을 거야.

한 가지 더! 정보화 사회가 되면서 주민등록증을 아예 전자주민카드로 바꾸자는 주장이 있어. 전자주민카드를 도입하면 여러 가지로 편리한 점이 있을 거야. 하지만 국가 전산망을 철저하게 관리하지 않는다면 개인 정보가 유출될 수도 있겠지. 그러면 정말 큰 문제가 생길 거야.

"전에는 은행 직원 한 명만 알면 어떤 사람의 모든 신용 상태를 알 수 있었습니다. 경찰관 한 명만 알면 모든 국민의 전과 기록을 알아낼 수 있었습니다. 이제는 주민카드 발급 센터의 직원 한 사람만 알면 어떤 사람의 주소, 가족 관계, 직업, 소득 등 모든 것을 알아낼 수 있습니다."

위와 같은 이유로 어떤 사람들은 정보가 유출되어 많은 사람이 큰 피해를 본다고 생각해서 전자주민카드 도입에 반대하고 있어. 만약 위에서 말한 것처럼 개인의 정보가 마구 새어 나간다면 정말 큰 문제가 생겨날 거야.

정보를 어떻게 관리해야 할까?

정보화 사회에서는 "정보를 어떻게 관리하느냐?"가 아주 중요한 문제란다. 우리가 휴대 전화를 살 때 주민등록번호에서부터 주소 등 많은 개인 정보를 제공하게 되어 있어.

그런데 그 정보들이 유출되면 심각한 피해가 발생하거든. '보이스 피싱'에 대해 들어 봤니? 전화를 해서 개인 통장에서 돈을 빼앗아가는 범죄인데,

이 모든 것이 다 개인 정보가 유출되어서 벌어지는 일이란다.

그렇기 때문에 사생활 침해를 막는 철저한 보장 장치를 마련해 개인 정보가 아무렇게나 떠돌아다니지 않게 할 필요가 있는 거야.

그런데 정보 관리와 관련해 또 하나 생각해 볼 문제가 있어. 이것은 개인 정보 보호와는 조금 다른 이야기란다. 우리나라 헌법에는 '정보 공개 청구권'이라는 것이 있는데, 이것은 헌법의 기본권 중 하나인 '국민의 알 권리'에서 시작되었어.

민주주의를 지켜 나가려면 나라가 정보를 숨기지 않고 국민에게 공개해야 해. 그래야만 국가가 권력을 함부로 휘두르지 못하도록 국민이 감시할 수 있단다. 시민들이 항상 지켜본다고 생각한다면 국가와 정부도 마음대로 행동할 수 없겠지? 그래서 국가의 정보 공개가 정보화 사회의 새로운 논쟁거리로 떠오르고 있단다.

이것은 개인의 사생활 침해와는 전혀 다른 문제야. 누군가 나를 지켜본다면 행동의 제약이 따르고 아주 위험한 상황에 처할 수도 있겠지만, 국민이 국가를 감시하는 것은 자칫 잘못된 길로 빠질 수 있는 국가를 바로 세울 수 있으니, 이런 감시는 어느 정도 필요하겠지.

정보 고속 도로를 건설하자

지금까지 정보화 사회에서 발생되는 표현의 자유와 지적 재산권 그리고 정보 독점에 대해 살펴보았어. 그렇다면 여기서 잠깐! 정보화 사회의 특징에 대해 정리해 보자꾸나. 우리가 정보화 사회라고 흔히 말하는데, 도대체 정보화 사회가 구체적으로 무슨 뜻일까?

정보화 사회란, '정보와 관련된 서비스나 지식의 생산이 중심이 되는 사회'라고 정의할 수 있어. 무슨 말이냐 하면, 이제는 정보를 만들어 내고, 이것을 다듬고, 전달하고, 활용하고, 모으는 과정에서 부(富)가 생겨난다는 거야. 이렇게 생각해 볼까?

옛날 농사를 중심으로 하는 사회에서는 토지가 매우 중요했어. 토지가 있어야 농사를 지을 수 있었느니 말이야.

그런데 산업 혁명 이후에는 돈, 그러니까 자본이 중심이 되었어. 과거에는 토지를 많이 소유한 지주가 잘살았다면 산업 혁명 이후에는 자본가가 떵떵거리며 사는 세상이 된 거야.

그렇다면 정보화 사회에서는 누가 가장 잘살 수 있을까? 그것은 정보를 가장 잘 활용할 줄 아는 사람이야. 물론 정보 통신 기술을 갖춘 기업이 앞서 나가는 것은 사실이지만, 개인도 얼마든지 새로운 부를 거머쥐는 사회가 되었다는 거지.

그런데 정보화가 급속도로 진행되면서 정보를 활용하는 능력을 가진 사람과 그렇지 못한 사람의 차이가 커지게 되었다면 어떨까? 정보의 불평등이 발생하겠지.

정보가 몇몇의 사람에게만 독점되고, 또 그 정보를 활용해 돈을 버는 사람이 몇몇에만 한정되었다면, 부자와 가난한 사람 사이에 격차가 더욱 커질 수밖에 없단다.

따라서 돈을 적게 번다고 해서 그것이 정보에 접근하는 데 제한이 되어서는 안 돼. 모든 사람이 인터넷을 제대로 활용할 수 있어야 해. 물론, 여러 곳에서 정보의 불평등을 없애려고 노력하고 있어.

소득이 낮고 가난한 사람들과 외딴섬에 살아서 정보화의 혜택을 제대로 누리지 못하는 사람들에게 기업이 나서서 컴퓨터와 인터넷을 설치해 주는 것을 텔레비전에서 보았을 거야. 하지만 더욱 중요한 것은, 누구나 쉽고 편리하게 정보화의 혜택을 골고루 누릴 수 있는 사회를 만드는 거야. 그러기 위해서는 국가가 앞장서야 한단다.

　산업화 시대에 국가는 도로, 철도, 항만, 공항 등을 제대로 마련해 경제 활동을 활성화시키는 데 큰 역할을 했어. 이제 정보화 시대에 국가는 국민들이 정보 통신 기술의 혜택을 골고루 누릴 수 있도록 노력해 주어야 해.

　경부 고속 도로, 호남 고속 도로를 건설해 전국을 연결했듯이, 전국적인 정보 고속 도로를 건설하고, 모든 국민이 큰 비용을 지불하지 않고 자신에게 필요한 정보를 자유롭게 활용할 수 있는 환경을 만들어 준다면, 인권이 존중되는 좀 더 멋진 사회가 될 수 있지 않을까?

흔히 '무한 경쟁의 시대'라고 일컬어지는 21세기. 무한 경쟁의 과정에서 인권은 어떤 대접을 받을까? 이번 장에서는 경쟁의 과정에서 구석으로 내몰린 비정규직과 빈곤층의 인권에 대해 살펴보려고 해. 누구나 인권을 존중받는 사회가 민주주의 사회라고 알고 있어. 그러니 가난으로 고통받는 사람이 없어야만 진정한 민주주의 사회가 될 수 있겠지. 국가는 앞장서서 인간이 인간답게 살 수 있는 최소한의 조건을 보장해 주어야 하고. 그런데 경쟁과 효율성을 강조하는 세계화 시대에 국가는 국민의 인권을 제대로 지켜 줄 수 있을까?

4

무한 경쟁 사회 속에서 인권은 잘 있을까?

세계화와 인권

세계화가 뭐예요?

　세계화란, 세계가 하나가 된다는 뜻이야. 과거 국가라는 틀이 중요한 역할을 했다면, 이제는 '지구촌'이라는 보다 더 큰 틀에서 생각하고 행동한다는 뜻이야. 우리는 대한민국 국민임과 동시에 지구촌의 한 사람으로 21세기를 살아가야 한다는 뜻이기도 해.

　과거 일정한 지역과 민족의 경계가 중요한 역할을 했다면, 세계화 시대는 나라와 나라 사이에 경계가 사라지면서 세계가 하나 되는 '글로벌 문화'의 힘이 점차 커질 수밖에 없게 되었어. 대한민국의 고유한 문화 전통도 지속적으로 이어나가야 되겠지만, 앞으로는 전 세계적인 문화가 우리의 삶에 더 큰 영향력을 발휘하게 될 거야.

　특히 정보화 시대를 맞아 나라와 나라, 민족과 민족 사이에도 시간과 공간의 제약 없이 언제 어디서나 세계 문화 정보를 공유하게 되었어. 그러다 보니 사람들의 가치관이 모두 비슷비슷한 모습으로 변해가기도 한단다. 문화적인 측면에서 봤을 때, 세계화는 우리에게 긍정적인 영향을 주기도 해. 인권을 중요시하는 민주주의적인 가치관이 그만큼 빠르게 전파될 수 있으니 말이야.

무한 경쟁의 세계화

그렇다면 세계화의 '경제적인 측면'을 한 번 알아볼까? 세계화 시대에는 경쟁과 효율성을 중요하게 생각하는 자본주의가 더욱 더 확고하게 자리 잡아 가는 경향이 있어.

중세 말에 상업이 발달하기 시작하면서 상인들은 지역의 특산품을 보따리 가득 싣고 멀리까지 나가 팔았어. 그렇게 물건을 팔며 이윤을 챙겼지. 우리가 잘 아는 비단길도 이런 상인들이 일구어 낸 결실이란다.

산업이 발달하고, 교통수단이 발달하면서 공장에서 대량으로 제품을 생산하기 시작했어. 옛날에는 사람이 직접 물건을 들고 가서 파느라 많은 양을 옮길 수 없었지만, 교통수단이 발달하면서 많은 물건을 한꺼번에 그것도 멀리까지 실어 나를 수 있게 되었거든.

이렇게 해서 자연스레 산업 자본주의가 발달했어. 그런데 제2차 세계 대전 이후에 자본주의와 사회주의가 대립하면서 **냉전**이 시작되었단다.

> 냉전 무력을 직접 사용하지 않고, 경제, 외교, 정보를 수단으로 하여 국제적으로 대립하는 상태를 말해요.

그러자 자본주의 국가들은 자본주의 국가들끼리만 교역했단다. 사회주의 국가들도 자기들끼리만 교역했고. 냉전 시대에는 이렇게 세계가 반으로 나뉘어 있었단다.

그러다 1980년대에 들어오면서 사회주의 국가들이 도미노가 쓰러지듯 붕괴했어. 그 뒤 본격적으로 세계화가 진행된 거야. 이즈음부터 세계화라는 말이 널리 쓰이기 시작했단다.

그동안 꼭꼭 문을 걸어 잠갔던 나라에 자본이 물결처럼 흘러들어 갔어. 자본은 이윤이 있으면 어디든지 달려가려는 속성이 있어. 그전에는 냉전이라는 정치적인 이유로 들어가지 못하던 곳까지 파고들어 갈 수 있었기 때문에 자본가들이 이제 한몫 단단히 챙길 기회가 찾아온 거란다.

이런 세계화의 과정을 거치며 이제 기업들은 글로벌 경쟁에서 살아남으려고 무한 경쟁을 하게 되었단다. 이것이 바로 세계화 시대의 경제적 특징이야.

세계화 시대가 되자 이제는 국외에 직접 투자할 수 있게 되었어. 우리나라도 많은 대기업이 공장을 국외로 옮기고 있어. 그것은 우리나라에서 생산하는 것보다 그곳에 공장을 지어 생산해 파는 것이 훨씬 더 이윤이 남기 때문이야. 그곳 노동자의 임금이 우리나라 노동자보다 훨씬 싸거든.

적은 비용을 들여 같은 값에 팔면 그만큼 더 많은 이윤이 보장되는데 기업들이 그런 좋은 기회를 왜 놓치겠니?

그런데 우리보다 잘사는 미국과 같은 나라로 공장을 옮기는 이유는 뭘까? 그것은 거기에서 물건을 직접 만들어 파는 것이 유리하기 때문이야.

자동차 공장 같은 것이 대표적인 경우야. 그렇게 하면 미국의 보호무역주의 장벽을 피해갈 수 있거든. 보호무역주의는 외국에서 들어오는 상품에 대해서 세금을 많이 내게 해 자기 나라의 산업을 보호하는 정책이야.

왜 세계화에 반대하는 걸까?

우리는 21세기를 흔히 '무한 경쟁의 시대'라고들 하지. 그냥 경쟁 시대도 아닌 무한 경쟁의 시대.

그런데 경쟁을 무한으로 한다는 것은 무엇을 뜻할까? 경쟁이란 참 근사한 말이야. 목적을 달성하기 위해, 상대방을 이기거나 앞서려고 서로 겨루는 것은 바람직한 일이야. 공정한 규칙이 있다면 말이야. 선의의 경쟁은 경쟁에 참여한 사람들에게 훨씬 좋은 결과를 가져다주기도 해. 경쟁이 없으면 나태해질 수도 있으니까.

하지만 모든 사람이 무슨 수를 써서라도 무조건 이기려 한다면? 결과만 좋으면 모든 것이 용서된다고 생각한다면? 그러면 이 세상은 온갖 불법과 비리가 판치는 곳으로 변하지 않을까?

달리기를 하는 두 친구를 한번 상상해 보자. 한 친구는 출발선보다 10미터 앞에 서 있어. 다른 한 친구는 아직 출발선 근처에도 못 왔는데 말이야. 이렇게 시작부터 잘못된 경우에는 진정한 경쟁을 할 수가 없어.

물론, 경쟁은 경제적으로 유리한 점도 있어. 예를 들어, 똑같은 제품을 생산해서 판매하는 두 회사가 있다고 하자. 두 회사 모두 소비자가 자기 회사 제품을 선택하도록 더욱 싸게, 더욱 튼튼하게, 더욱 멋지게 만들려고 노력할 거야. 이런 과정에서 기술력도 향상되지.

그런데 경쟁에서 낙오될 경우, 기업이 망할 수도 있는 절박한 상황이라면 어떨까? 무슨 수를 쓰더라도 살아남아야 한다는 생각 때문에 상대편 기업을 헐뜯고 비방하거나, 온갖 부정을 저지르지 않을까?

대학교 운동부에서 후배를 때리고 억지로 술을 먹였다는 뉴스를 본 적이 있니? 선배가 후배에게 벌을 주거나 집단으로 구타하는 이유는 나중에 있을 시합에서 좋은 실력을 발휘하라는 뜻도 담겼을 거야.

하지만 때려서라도 좋은 결과를 얻어야 한다는 맹목적인 믿음은 폭력이 잘못된 것이라는 사리판단을 흐리게 해. 무조건 이기면 된다는 생각, 과정

보다 결과가 중요하다는 생각이 낳은 슬픈 현실이야.

제한된 자원을 놓고 서로 경쟁하다 보면 결국 누군가는 승자가 되고 누군가는 패자가 될 수밖에 없어. 모두가 1등을 할 수는 없으니까. 그런데도 세계화 시대에는 경쟁력이 우선시 되고 있단다.

이처럼 무한 경쟁을 벌이는 세계화는 모두가 함께 더불어 사는 세상과는 거리가 멀어. 기업이 경쟁에서 승리한다면 세계적인 기업으로 우뚝 서겠지. 어떤 한 사람이 이런 경쟁에서 두각을 나타낸다면 그 사람은 엄청난 부자가 될 거야.

그런데 경쟁에서 패배한 사람은? 경쟁에서 승자가 있으면 패자가 있게 마련이야. 그런데 승자가 모든 것을 다 가지고, 패자는 아무것도 얻을 수 없게 된다면 어떻게 될까?

기회는 많으니 다음번에는 꼭 이기리라 다짐할 수도 있겠지. 언젠가는 경쟁에서 승리할 것이라는 막연한 꿈을 믿고 현재의 힘든 삶을 계속 참으라고 할 수도 있겠지.

그러나 오랫동안 견뎌 왔지만 도저히 이길 것 같지 않다면? 경쟁에서 승리하겠다는 꿈도 중요해. 하지만 모두가 경쟁에서 승리할 수 없는 것이 현실이야.

그렇다면 경쟁에서 패배한 사람들의 삶, 그들의 권리는 어떻게 될까? 인권이란, 인간이라면 '누구나' 누려야 할 기본적인 권리라고 했던 것 기억하지?

지금까지 세계화에 대해 길게 설명한 이유가 바로 여기 있단다. 세계화는 경쟁과 효율성을 강조해. 따라서 환경에 맞는 것만이 살아남고 그렇지 못한 것은 결국 죽게 된다는 '적자생존'의 법칙을 강조한단다.

따라서 국가가 사회적 약자를 보호해야 하는데도 불구하고 제대로 보호하지 못한단다. 그 결과 어려운 국민을 지원해 주는 복지 예산이 줄어들고, 직원을 마음대로 해고해도 되는 고용방식이 퍼지면서 어려운 사람들은 더욱 힘든 상황에 빠지지.

바로 이런 이유 때문에 세계화에 반대하는 목소리가 커지는 것이란다. 세계가 하나가 되어가는 게 문제가 아니라, 그 과정에서 낙오된 사람들이 가난한 삶을 살아가야 한다는 게 문제가 되는 거야.

인권은 배부른 소리?

'걱정 마. 열심히 돈 벌어서 부자가 되면 그때 다 해 줄게.'

아버지의 사업 실패로 온 가족이 어려워졌어. 그렇다면 당연히 온 가족이 허리띠를 졸라매고 당분간 어려움을 참아 내야 할 거야.

"조금 더 넓은 집으로 이사하려면 당연히 아끼고 저축해야겠지. 꿈을 위해서라면, 좋은 대학에 가기 위해서라면, 지금의 고통쯤은 당연히 이겨 내야 해."

어디서 많이 듣던 말이지? 그래, 꿈과 목적을 위해서라면 순간의 고통쯤은 참아야 한다는 말이란다. 그런데 그런 고통이 순간의 고통이 아니라 계속 이어진다면 어떨까?

지난 50여 년 동안 경제 성장을 중요하게 여겼던 우리나라에서 인권은 오랫동안 홀대를 받았어. 많은 사람이 '인권'을 배부른 소리라고 했거든. 먹고 살기도 힘든데 인권 타령이냐고, 오히려 타박을 놓았단다. 그러면서 '우리도 인간답게 살아보자'며 힘겹게 사는 사람들의 외침을 무시하고 억압했어. 인권을 주장하는 사람들은 정부 정책을 따라가지 않는 '반역자'라는 소리도 들어야 했어.

1970년대, 경제 성장 정책을 따르지 않는 사람에게 나라에서는 '뭐야, 너 빨갱이야' 라는 한마디로 내쳐 버리곤 했어. 사람들은 행여나 '빨갱이' 란 말을 듣게 될까 봐 몹시 두려워했단다.

　물론 당시에도 노동자를 보호하고 환경을 개선하려고 정해 놓은 법이 있기는 했어. 하지만 허울뿐이었어. 법은 지킬 때만 의미가 있는 거야. 아무도 지키지 않는다면 법이 무슨 소용이 있을까? 지키고자 하는 의지, 지켜 주고자 하는 의지가 없다면, 법이란 그저 현실성 없고 허황된 것에 지나지 않아.

　근로기준법도 마찬가지였단다. 근로기준법이란, 근로자가 피해를 보지 않도록 근로의 조건이나 기준을 정해 놓은 법률을 말해. 다시 말해 근로자를 보호하는 법이지.

　근로기준법이 모두 다 지켜졌다면 정말 노동자들은 아무 어려움 없이 일

을 할 수 있었을 거야. 하지만 전태일이라는 어린 노동자는 근로기준법 책을 가슴에 꼭 안은 채 자신의 몸에 불을 붙일 수밖에 없었어.

왜냐고? 지켜지지 않는 법 때문에 고통받는 사람들이 너무 안타까웠기 때문이야. 그렇게라도 자신의 뜻을 세상에 알리고 싶었던 거야. 어린 여공들이 창문 하나 없는 다락방에서 하루에 무려 14시간씩, 일요일에도 꼬박꼬박 기계처럼 일했어.

전태일은 끼니도 제대로 잇지 못하며 고생하는 그 어린 여공들이 너무 안타까웠던 거야. 근로기준법은 너무 먼 곳에 있었어.

우리나라에서 인권이라는 말이 보편화된 것은 고작 20년 정도밖에 되지 않아. 정말 짧은 시간이지? 독재 정권이 무너지고 우리나라에도 민주화 바람이 불면서 점차 인권에 대한 올바른 인식이 널리 퍼지게 된 거란다.

비정규직 문제

자본주의는 이익이 보이면 어디든 달려가는 경향이 있다고 했지? 기업의 목적은 이윤을 내는 것, 즉 돈을 버는 것이라고 배웠을 거야. 가장 적은 비용으로 최대한의 이윤을 만드는 것이 바로 기업의 목적이란다.

그러려면 무엇보다도 기업을 효율적으로 운영해야 해. 극심한 경쟁이 이루어지는 환경에서 효율성을 추구하다 보면, 인건비 부담을 줄여 보겠다는 생각이 강해져. 그래서 여러 가지 복지 혜택을 제공해 주어야 하는 정규직 직원보다는 비정규직 직원을 고용하려고 해. 비정규직이란, 일자리의 형태에서 나타나는 대표적인 차별이야.

정규직이 뭐고 비정규직이 뭐냐고?

영민이 엄마와 수희 엄마 이야기!

영민이 엄마는 수희 엄마와 같은 회사에 다니셔. 그래서 두 분은 종종 서로의 차를 함께 타고 출근해. 회사에서 하는 일도 비슷해.

그런데 이상하게도 두 사람이 회사에서 받는 월급에는 큰 차이가 난대.

영민이 엄마가 영민이 동생을 임신했을 때, 회사를 그만두어야 했어. 나중에 다시 시험을 봐서 회사에 다니게 되었단다.

그뿐만이 아니야. 영민이 엄마는 회사에서 늦게까지 일하고도 아무런 수당을 받지 못해. 하지만 수희 엄마는 출산 휴가도 받고, 상여금도 받고, 나중에 퇴직금도 받는대.

왜 똑같은 일을 하면서 이런 차별을 받는 것일까?

그것은 영민이 엄마는 비정규직이고, 수희 엄마는 정규직이기 때문이야.

정규직 직원은 근로기준법에 정해진 혜택을 받을 수 있어. 하지만 비정규직은 정식 직원이 아니기 때문에 정규직 직원과는 많은 차별을 받아.

　이렇게 차별을 받고 있지만 비정규직 직원들은 노동권을 주장하기가 힘들어. 그 이유는 해고가 두렵기 때문이야.

　우리나라가 IMF 구제 금융을 받은 이후 대부분의 기업들이 정규직을 대폭 줄이고 비정규직 내지 시간제 사원으로 전환했어.

비정규직이 되면 회사에서 언제 쫓겨날 지 모른다는 불안함 때문에 자신의 일에 전념할 수 없을 거야.

자신의 인권을 주장한다는 것은 정말 '그림의 떡' 이라고 밖에 할 수 없지. 월급을 준다는 이유만으로 직원을 하인 부리듯 하는 사람들이 있는 한 말이야.

요즘은 일정한 기간이 지나면 비정규직 직원을 정규직으로 전환해 주도록 법으로 정해졌단다. 하지만 기업들은 이걸 피하려고 그 전에 미리 비정규직 직원을 해고하는 것이 현실이야.

기업에 부담이 가니 무조건 정규직을 채용하라고 할 수도 없는 노릇이야. 하지만 기업을 운영하는 사람이 이윤을 고르게 배분하는 방법에 좀 더 힘을 기울여야 하지 않을까?

무턱대고 비정규직만 고용하면 비용이 절약된다고 생각하는 경영자들의 의식이 바뀌어야 해. 뿐만 아니라, 같은 일을 하면서도 급여는 정규직의 60퍼센트 정도밖에 받지 못하는 불합리한 제도도 고쳐야 해.

만약 이러한 제도를 계속 유지하면 사회적으로 큰 문제가 발생하게 될 거야.

점점 심해지는 빈부의 격차

사회의 경제적 기반이 흔들리고 불안해지면 생활 속에서 인권 문제가 발생한단다. 먹고사는 일 때문에 인권이 위협받는 것이지. 특히 우리나라의 경우 1997년 외환 위기 이후에 잘사는 사람과 못사는 사람의 격차가 무척 심해졌단다.

빈부의 격차가 심해지는 이러한 현상을 '양극화'라고 해. '양극화'는 중산층이 적어지고 잘사는 사람과 못사는 사람으로 나뉜다는 뜻이야.

그런데 더 큰 문제는 빈곤층이 더욱 늘어난다는 거야. 이것을 '20대 80사회'라고 부른단다. '20대 80사회'란, 이탈리아 경제학자 파레토$^{Vilfredo\ Pareto}$가 처음 사용한 말인데, 전체 인구 중 잘사는 사람 20퍼센트가 나머지 80퍼센트를 끌고 나간다는 뜻이야. 다시 말해, 빈곤층 80퍼센트와 부유층 20퍼센트로 사회가 양분된다는 말이지.

빈곤에는 두 가지 종류가 있단다. 하나는 절대적 빈곤이고, 다른 하나는 상대적 빈곤이야. 절대적 빈곤은 최소한의 생활 수준도 유지 못 할 만큼 가난한 것을 말해. 이에 반해 상대적 빈곤은 주로 잘사는 사람과 못사는 사람의 차이가 심해질 때 나타나는 현상이야. 그런데 많은 사람이 절대적 빈곤

보다 상대적 빈곤을 더 심각하게 생각한단다.

　남아메리카의 어떤 나라에서는 어린아이들이 집 밖에 나가서 논다는 것은 꿈도 꿀 수 없다고 해. 차를 타고 외출할 때는 빨간불이 들어와도 절대 차를 멈추지 않아. 차를 멈추면 언제 강도떼가 달려와 공격할지도 모르기 때문이야.

　험악한 거리 풍경 때문에 그곳 사람들은 마음 편하게 거리를 걸어 다닐 수가 없어. 더는 가난을 참을 수 없게 된 사람들이 마구잡이로 사람들을 공격하기 때문이야.

심각한 빈부의 격차는 이렇게 가진 사람까지도 마음 편하게 살지 못하는 세상을 만들어. 잘사는 사람이든 못사는 사람이든 모두 인권을 위협받지.

한편, 스리랑카는 세계적으로 가장 가난한 나라로 알려졌어. 그런데 스리랑카 사람들의 행복 만족도는 세계 최고의 수준이라고 하는구나. 이것은 행복이란 돈이 많고 적은 게 문제가 안 된다는 걸 잘 보여 주는 예야.

어렵던 시절을 기억하는 우리의 할머니, 할아버지의 이야기를 들어본 적이 있니? 그때는 모두 힘들고 배고팠다고 해. 그래도 그 시절을 견딜 수 있었던 것은, '누구나 다 그랬으니까.' 그때는 모두 다 가난했거든.

앞에서 설명한 '절대적 빈곤보다 상대적 빈곤이 더 큰 문제'라는 말이 이제 이해되지?

슬픔과 고통은 함께하면 반으로 줄어든다더니 정말 그런가 봐. 그러니 무조건 경제 성장만을 앞세우는 것이 과연 올바른 것인지 한 번 생각해 볼 필요가 있어.

비정규직이 많아지면 일자리가 불안정해지고, 임금 또한 줄어들기 때문에 생활의 질이 떨어질 거야. 자칫 비정규직 일자리에서마저 해고된다면, 빈곤층으로 몰락할 수도 있어.

상대적 빈곤을 해결하려면 좋은 일자리를 확보하는 것이 매우 중요해. 좋은 일자리란, 안정적인 일자리, 일한 만큼 대가를 받는 일자리일 거야. 그러려면 비정규직에 대한 차별을 없애려는 노력이 무엇보다 중요하단다.

국가는 국민에게 인간답게 사는 최소한의 조건을 보장해 주어야 해. 다시 말해, 빈곤층의 복지에 대한 국가의 적극적인 노력이 절실하지.

그런데 문제가 있어. 경쟁과 효율성을 지나치게 강조하다 보면, 국가는 경쟁력 있는 기업을 도와주는 정책을 우선적으로 실시하게 돼. 그렇게 기업을 도와주는 정책을 펴다 보면 국민에 대한 복지 정책, 그러니까 빈곤층에 대한 복지 정책은 종종 뒷전으로 밀려나지.

물론, 둘 다 꼼꼼히 챙긴다면 문제가 없겠지만, 국가 경쟁력을 높이는 것에만 집중하다 보면 이런 문제가 발생할 수밖에 없어. 다시 말해, 경쟁과 효율성을 지나치게 강조하다 보면 많은 사람이 경쟁에서 밀려 소외되고 이것이 사회의 양극화를 만들게 된다는 거야.

인권을 전혀 보장받을 수 없는 상태, 이것이 빈곤이란다. 살던 집에서 쫓겨나 주거권을 뺏기고, 의료 혜택도 제대로 받지 못하고, 교육 기회도 없어. 노동권마저 빼앗기는 빈곤층에 대한 국가의 적극적인 관심이 어느 때보다 절실히 필요해.

'무조건 개발! 앞으로 나아가자'라고 외치기만 한다면 현실적으로 빈부의 격차는 커지고, 그러다 보면 가지지 못한 사람들은 자연스럽게 소외당하고 말 거야. 결국 부작용을 낳게 되는 거지.

나중에 그 부작용을 없애려면 오히려 더 많은 노력과 비용이 들게 돼. 게다가 그 부작용이 사회 전체의 발전에 큰 걸림돌이 될 수도 있단다.

이주 노동자 때문에 취업이 힘들다고?

3D 업종이라고 들어 봤니? 3D는 세 개의 영어 단어의 약자란다. Dangerous 위험한, Dirty 더러운, Difficult 어려운. 작업 환경이 지저분하고 위험하면서, 하는 일이 어려운 일을 3D 업종이라고 해.

이 분야는 언제나 일할 사람을 찾기가 힘들어. 힘들고 어려운 일인데다 월급도 그리 많지 않기 때문이지. 그래서 요사이에는 외국인 노동자들이 이런 일을 대신해 준단다. 1960년대에서 1970년대에 우리나라의 많은 사람이 독일이나 사우디아라비아, 일본 등으로 취업을 나갔어.

마찬가지로 이제는 외국인 노동자들이 우리나라에 와서 모두가 꺼려하는 일을 대신해 주는 거야. 너희 할아버지들이 젊은 날 외국에서 똑같은 일을 했었다고 생각해 봐. 지금의 그런 모습들이 그리 특별해 보이지는 않을 거야.

이제 건설 현장이라든가 제조 공장에서 외국인 노동자들의 모습은 그렇게 낯설지가 않아. 일을 하러 한국에 왔다가 아예 한국에 정착해 사는 외국인들도 많아졌어.

그런데 이 외국인 노동자들 때문에 우리 일자리가 없어졌다고 생각하는 사람들이 있어. 하지만 일자리를 찾아 자유롭게 움직이는 것 역시 세계화 시대의 특징 중 하나란다.

경제가 악화되어 생활이 어려워지면 사람들은 경제적인 불만을 이주 노동자에게 분풀이 하는 경우가 종종 있단다. 사실, 경제 상황과 외국인 차별 문제는 깊은 관련이 있단다. 사회의 약자인 이주 노동자를 희생양으로 삼아 경제적 어려움에 대한 박탈감과 좌절감을 밖으로 드러내는 거야.

우리나라도 일자리가 줄어들고 실업자가 늘어나면서, 외국인 노동자를 곱지 않은 시선으로 보고 차별하는 경우가 가끔씩 벌어지고 있어.

1990년대 후반 외환 위기라는 경제 위기를 맞아 많은 근로자가 회사에서 쫓겨나 실업자가 되었어. 이때 30만 명에 달하는 외국인 이주 노동자들이 가장 먼저 해고 대상이 되었어.

결국 세계화의 과정에서 발생하는 양극화와 빈부의 격차 그리고 빈곤층의 증가를 해결하려는 의지와 노력이 없다면, 세계가 하나가 되어 모두가 잘 사는 지구촌의 건설은 헛된 꿈이 되어 버릴 거야.

그러니 세계화의 과정에서 뒤처진 사람들의 인권에 대한 국가의 정책적 배려와 사회적 관심이 절실히 필요하단다.

국가는 국민의 인권을 보호해 주어야 할 의무가 있어. 하지만 현실은 어떨까? 앞에서도 말했지만 국민의 인권을 지켜 주어야 할 국가가 국민의 인권을 침해하는 경우가 종종 있단다. 우리나라에도 국가 또는 민족의 이름으로 행해지는 인권 침해의 부끄러운 역사가 있어. 왜 이런 일이 생겨났을까? 국가가 인권을 침해할 경우 어떻게 해야 할까? 이런 경우 누가 앞장서야 할까?

5

나의 인권은 누가 지켜줄까?

국가와 인권

"대한민국은 민주 공화국이다"

문득 궁금해지지 않니? 나의 권리는 과연 누가 지켜 주는 것일까?

'난 인간이니까, 당연히 인간답게 살아야 하는 것 아니에요?'

이렇게 묻는 친구들이 있을지도 몰라. 그래, 하지만 앞에서 살펴보았듯이 안타깝게도 그 당연한 권리를 우리 인간은 오랫동안 누리지 못했어.

15세기 남아메리카를 다스린 스페인 정복자들은 원주민들이 하나님을 믿지 않는다는 이유로 사람 취급도 하지 않았어. 아프리카 흑인들은 머나먼 땅으로 억지로 끌려가 노예로서의 비참한 삶을 살아야 했어. 물론 지금도 세계 곳곳에 인간으로서 당연히 누려야 할 권리를 누리지 못하고 사는 사람들이 있지.

"하지만 지금 우리에게는 국가가 있잖아요? 세금은 괜히 내나요? 옛날에야 국가의 힘이 약했으니까, 아니면 전쟁 같은 이유 때문에 사람이 사람답게 사는 권리라는 것이 없었다고 쳐요. 하지만 지금은 국가가 있으니까, 국가가 우리 인권을 지켜 줘야 하잖아요."

그래, 아주 좋은 지적이야. 대한민국 헌법에 보면, 국가와 국민에 대해 이렇게 쓰여 있단다.

"모든 국민은 인간으로서의 존엄과 가치를 가지며 행복을 추구할 권리를 가진다. 국가는 모든 국민의 기본적인 인권을 확인하고 이를 보장할 의무를 진다."

국가가 왜 필요한 걸까? 국가는 국민의 생명, 안전, 재산, 인권을 보호할 의무가 있어.

"대한민국은 민주 공화국이다."

우리나라 헌법 제1조 제1항에 나와 있는 말이야.

공화국이란, 여럿이 함께 더불어 사는 나라를 말해. 민주주의란, 국민 개개인이 나라의 주인인 정치 형태를 말하고. 결국 민주 공화국이란, 나라의 주인인 국민이 함께 더불어 사는 사회라는 뜻이야. 국민이 나라의 주인이라면 당연히 국민인 우리는 주인다운 대접을 받아야 해.

인간은 누구나 자유롭고 평등해. 모두 인격적으로 존중되어야 하고, 차

별받아서는 안 되지. 그럼에도 불구하고 차별이 발생한다면, 국가가 적극적으로 나서서 차별받지 않도록 보호해 주어야 하는 거고.

국민이 주인답게 대접을 받는다는 것은 사람답게 살아가도록 대접을 받아야 한다는 뜻이란다. 사람으로 태어났기에 존중받으며, 사람답게 살아야 하는 거지. 이러한 권리가 바로 인권이야. 누구나 인권을 누리는 사회야말로 국민이 나라의 주인으로 대접을 받는 민주 사회라고 할 수 있어.

국가는 국민의 인권을 보호할 의무가 있다

그래, 분명 국가는 사람이 사람답게 살 수 있는 권리를 보호해 줄 의무가 있어.

인권은 원래 국가라는 틀에 갇히지 않는 보다 큰 개념이란다. 하지만 현실적으로 인권은 국가라는 틀 안에서 실천될 수밖에 없는 운명을 타고났어.

다시 말해, 우리는 대한민국의 국민으로 태어나 대한민국 국민으로 살아간다는 뜻이야. 그래서 현실적으로 우리의 인권은 대한민국이라는 국가의 틀 안에서 보장을 받는단다.

제아무리 국제적으로 인권에 대한 합의가 있다고 할지라도, 국가라는 틀을 통해서만 그것이 의미 있게 실현될 수 있어. 국가가 국민의 인권을 제대로 보호해 주지 않을 때, 그것을 강제적으로 보호해 줄 만한 방법이 마땅치 않기 때문이야. 그래서 민주주의 국가일수록 국가가 헌법과 같은 법적인 장치들을 만들어 국민의 인권을 보호하려고 노력하는 것이지.

하지만 돌이켜 보면, 안타깝게도 국가가 자기 나라 국민의 인권을 침해하기도 했어. 물론 다른 나라 국민의 인권도 침해했었고. 그렇다면 가만히 앉아 있으면 국가가 알아서 척척 내 인권을 지켜 줄까? 그러면 얼마나 좋겠니?

전쟁이라는 이름으로 행해지는 끔찍한 살인 행위

국가라는 개념은 비교적 역사가 짧은 근대에 생겨났어. 국가라는 개념이 생기기 전까지만 해도 사람들은 별다른 제재 없이 외국을 드나들었는데, 국가가 만들어지고 난 뒤부터는 입국 허가라는 것을 받아야만 다른 나라에 갈 수 있게 되었어. 그러면서 사람들의 머릿속에도 경계선이 생겨나기 시작했어. 국경 너머에 있는 사람들은 자기들과는 다르다는 생각도 널리 퍼지게 되었단다.

우리 국가, 우리 민족이 탄생하면서 다른 국가, 다른 민족이 생겨난 것이란다. 결국 나의 국가와 민족의 독립과 통일을 가장 중요시하는 '민족주의'가 다른 국가와 다른 민족을 차별하는 원인이 되었다고 볼 수도 있어.

이렇듯 국가의 개념이 생겨나면서 '국가 이익'을 내세워 '다르다'는 이유로 다른 민족을 차별하고, 다른 국가를 적대시하는 경우가 자주 발생하기도 했어. 그리고 이것은 전쟁이라는 비극을 가져오기도 해.

전쟁은 인간이 인간을 상대로 벌이는 가장 잔혹한 파괴 행위란다. 전쟁은 순식간에 모든 것을 빼앗아가지.

나라와 국민을 위한다는 명분으로 벌어지는 전쟁이 결국 수많은 사람의 행복과 목숨을 앗아갔던 것을 우리는 똑똑히 알고 있어.

입으로는 저마다 평화를 위한다면서, 국가와 민족을 위한다면서 일으키는 전쟁. 하나님의 이름으로 '성전'을 치른다는 사람들은 어떻고? 그것은 모두 다 거짓말이면서 말도 안 되는 궤변이며 모순이야.

누구나 전쟁이 나쁘다는 것을 알고 있어. 그렇지만 인류의 역사는 전쟁의 역사라고 해도 과언이 아닐 정도로 끊임없이 전쟁을 치러왔어. 지금 이 순간에도 지구 저쪽 편에서는 전쟁이 벌이지고 있잖니?

선사 시대의 전쟁부터 현대의 '테러'에 이르기까지, 전쟁의 역사를 들여다보면 그 원인은 그야말로 너무나 다양하단다. 때로는 종교와 사상 때문에, 상대 국가에 대한 오해 때문에, 자유와 민주주의를 지키려고, 식량을 얻으려고, 석유를 얻으려고, 물을 얻으려고, 땅을 지키려고, 땅을 넓히려고, 많은 돈을 벌려고……. 때로는 진실을 감추려고 전쟁을 하기도 했단다.

사람들은 자기와 다른 사람들을 구분하기 시작하면서 그들을 자기보다

열등한 사람으로 생각했어.

주로 인종과 민족을 기준으로 사람을 판단했어. 다른 인종이나 민족이 자기보다 열등하다고 믿었고 심지어 그들은 인간이 아니라고까지 믿었어. 그래서 조금의 죄책감도 느끼지 않고 자기와 다른 인종과 민족을 학대하고 살해하기까지 했단다. 이런 사람들을 '인종주의자'라고 부른단다.

인종주의자들은 인종에 따른 생물학적 차이, 그러니까 피부색이라든가 생김새라든가, 태어날 때부터 결정된 이러한 것들이 인간의 능력을 결정한다고 믿었어. 그리고 특정한 한 인종이 다른 인종보다 뛰어나다고 생각했단다. 그러다 보니 다른 사람을 차별하는 게 정당하다고 믿었던 거야.

수많은 유대인의 목숨을 앗아간 히틀러

인종주의의 대표적인 예로 히틀러의 유대 인 학살을 들 수 있어. 히틀러는 유대 인에 대한 증오심이 강했어. 사실 히틀러뿐만 아니라, 유대 인은 오랫동안 유럽 사회에서 왕따 같은 존재였단다.

유대 인들은 경제관념이 투철하고 고리대금으로 많은 돈을 모았어. 지금도 '미국의 경제를 쥐고 흔드는 것은 유대 인이다'라고 말할 정도로 유대 인 중에는 부유한 장사꾼들이 많아.

히틀러는 유난히도 유대 인을 증오했어. 그런 히틀러가 정권을 잡자마자 유럽의 유대 인들은 그야말로 순식간에 삶의 터전을 잃어버렸지. 히틀러는 제2차 세계 대전 중에 600만 명의 유대 인을 학살했단다.

하지만 나치의 잔학함은 거기에서 그치지 않았어. 30만 명이 넘는 집시를 학살했고, 1만 명이 넘는 장애인에게 아이를 갖지 못하도록 강제로 불임 시술까지 했단다. 악몽과도 같은 일이었어.

인권 문제가 본격적으로 국제적인 관심사가 되어 논의되기 시작한 것은 바로 이런 나치의 잔학 행위가 일어났던 제2차 세계 대전 중이야. 히틀러 같은 잔인한 인간이 등장해 온갖 만행을 저지르게 된 것은 강력한 국제 인권 보호 장치가 없기 때문이라고 생각했거든.

세계 평화를 지키고, 또다시 전쟁이 발발하는 것을 막으려면 인권을 보호할 강력한 국제기구가 필요하다고 생각했던 거야. 제2차 세계 대전 중에 저질러진 대량 학살의 뼈아픈 교훈으로 평화와 인권 문제는 서로 분리될 수 없다는 인식이 자리 잡기 시작했단다.

끔찍한 인종 청소

〈호텔 르완다〉라는 영화 이야기를 잠깐 해 보자.

배경은 1994년 르완다의 수도 키갈리. 후투족 출신 대통령이 후투족과 투치족의 공존을 위해 평화 협정에 동의하면서 수십 년간 이어진 이 두 종족의 대립은 일단락되는 듯했어.

평화 협정의 진행을 도우려고 유엔군이 파견되었고, 수많은 기자가 이 역사적인 사건을 취재하려고 르완다로 몰려들었단다. 그러나 대통령이 의문스런 비행기 사고로 갑자기 죽고 말았어.

유엔군 국제 연합 회원국들이 군 병력으로 편성한 국제 연합군을 말해요.

후투족은 대통령이 죽자 투치족을 닥치는 대로 살해하기 시작했어. 위협을 느낀 이 영화의 주인공은 안전을 위해 투치족 아내와 가족을 호텔로 피

신시켰고, 이후 그곳으로 수천 명의 피난민이 모여들었단다. 영화 속에서는 1,268명의 이웃을 지키려고 홀로 힘겨운 싸움을 하는 주인공의 모습이 감동적으로 잘 드러나 있단다.

르완다는 아프리카에서 가장 작은 나라야. 오래전부터 후투족, 투치족, 트와족이 어울려 살았던 조용한 나라였어. 사람들은 종족을 구별하지도 않았고, 그럴 필요도 느끼지 못했어. 그러니 후투족과 투치족 사이에 결혼도 자연스러웠단다. 당연히 아버지가 후투족이고 어머니가 투치족인 아이들도 아주 흔했어. 그런데 1919년 벨기에가 르완다를 식민 통치하기 시작하면서, 이곳의 평화에 조금씩 금이 가기 시작했어. 그렇게 오랜 세월 쌓여 왔던 종족 간의 적대적인 감정은 1994년 르완다 대통령 피살 사건으로 폭발하고 말았던 거야.

투치족 반란군과 평화 협정에 서명한 후투족 대통령이 탄 비행기가 저격당하면서 후투족은 시민군을 조직해 투치족 '청소 작전'에 돌입했어. 약 석 달 동안 50만 명의 투치족이 살해당하고 나머지 투치족들은 죽음을 피해 이웃 나라로 피난을 가야 했어.

이때의 내전으로 죽은 사람이 100만 명, 집을 잃고 난민이 된 사람이 200만 명이나 되었다고 하는구나. 이 르완다 대학살은 전 세계적으로 커다란 충격을 주었단다. 희생자 수와 그 규모만 보더라도 20세기 가장 참혹한 내전으로 기록되기에 충분했어.

인류 역사상 오늘날까지 전쟁이 끊인 적이 있을까? 세상은 변하고 조금씩 나아지는 것도 같지만 이상하게도 전쟁은 쉬지 않고 이어지는 것 같구나. 지금도 지구촌 어디쯤에서는 전쟁이 한창이란다.

가끔씩 뉴스에서 보도하는 국제 분쟁이 바로 그런 것들이야. 국가와 민족에 대한 인식이 강해지면 강해질수록 내 나라, 내 민족과 다른 민족을 구별하고 배척하는 경향이 생겨나게 돼.

그리고 이런 생각들이 '인종 청소'라는 끔찍하고 극단적인 행동을 낳는 것이고. 인종 청소란, 말 그대로 상대방 인종이나 민족을 완전히 없애 버리겠다는 무시무시한 생각이 행동으로 옮겨진 것이란다.

상대방을 벌레만도 못한 존재, 또는 바퀴벌레로 생각하도록 사람들을 세뇌해서, 아무런 죄책감 없이 학살을 하도록 만드는 거야.

인종 청소는 학살당하는 대상을 아예 인간이 아닌 존재로 보게끔 만들어서 학살을 정당화하고 합리화하는 명분을 주지.

평화도
연습이 필요해요!

전쟁과 학살을 피해 집과 고향을 떠나온 사람들은 먼 길을 걸어 난민촌으로 흘러들게 돼. 언제 고향으로 돌아갈지도 모르는 채 열악한 난민촌에서 하루하루를 힘겹게 살아간단다.

어느 날 갑자기, 하루아침에 모든 것을 잃게 된다면 어떨까? 그 비참함은 이루 말할 수 없을 거야. 이렇게 삶의 터전을 잃어버린 사람들에게 과연 인권이란 것이 보장될까?

고향으로 언제 돌아갈지도 모르는 채, 굶주림에 지쳐 가는 사람들. 이 사람들은 여기저기에서 보내 준 구호 물품으로 겨우 겨우 하루를 버텨야 해. 쫓겨나지 않으면 다행이지. 난민들에게는 인권이란 정말 그림의 떡일지도 몰라.

한때 '보트피플'이라고 불리는 사람들이 있었어. 갈 곳이 없어 배를 타고 이리저리 떠돌던 난민들을 그렇게 불렀지. 그들은 작은 보트에 몸을 싣고 이리저리 정처 없이 떠돌며 삶을 이어나갔단다. 살아도 사는 것이 아니었을 거야.

전쟁이 없어야 인권을 존중받을 수 있어. 전쟁은 상대방에 대한 미움에서 싹트는 법이야. 인권 교육은 다른 말로 평화 교육이라고 할 수 있어. 전쟁의 책임은 인간에게 있지만, 우리의 노력에 따라 '그 바보 같은 짓'을 피할 수 있단다. 평화를 위해서는 우리 모두가 노력해야 해. 민주주의 교육, 다시 말해 타협의 교육이 필요한 거야.

평화도 연습이 필요하단다. 나만이 옳다고 고집을 피우기보다 타협하는 것을 생활화하고, 올바른 생각과 마음가짐으로 문제를 바로 보려는 노력을 게을리 하지 말아야 한단다. 평화는 누가 가져다주는 것이 아니라 우리 힘으로 만들어 가는 것이니까.

국가 안보를 위해서라면 인권을 탄압해도 되는 걸까?

아무것도 모르고 오직 가족을 위해 성실하게 살아가는 선량한 시민, '효자동 이발사'가 있었어. 그런데 어느 날 갑자기, 아들이 공산주의와 연루되는 터무니없는 일에 휘말리게 되었단다. 아들은 온갖 고문을 당하고, 두 다리를 못 쓰게 되었어.

국가는 원칙적으로 인권 보호에 가장 큰 책임이 있지만 그런데도 국가가 앞장서서 인권을 침해하는 경우가 많았어.

국가는 왜 인권 침해에 앞장을 서는 것일까? 대체적으로 국가 이익, 국가 안보라는 이유로 이러한 부당한 일을 저지르는 경우가 많단다.

우리나라는 남과 북이 나뉜 분단국가야. 이러한 특수한 상황에서 국가의 반공 정책에 적극적으로 따르지 않을 경우 곧바로 빨갱이라는 낙인을 찍어 감옥에 가두었어. 자신의 죄를 자백하지 않으면 끔찍한 고문을 하고, 재판도 제대로 받지 못한 상태에서 사형에 처하기도 했단다.

영화 〈관타나모로 가는 길〉

파키스탄 핏줄을 타고난 영국 청년 네 명은 친구 결혼식에 참석하려고 파키스탄에 갔다가, 어려운 사람들을 도와주려고 아프가니스탄으로 갔어. 그러다 우연히 미국 군인에게 체포되어 쿠바에 있는 관타나모 수용소로 끌려가게 되었단다. 테러범이라는 누명을 쓴 거야.

관타나모는 1901년 미국과 쿠바의 관계를 규정한 '플랫 수정안'에 따라 쿠바의 영토지만 쿠바의 법이 적용되지 않는 곳이란다. 이곳에서는 군사 기지라는 특성상 미군법의 적용을 받아. 미국 본토에서는 상상할 수도 없는 인권 침해 행위를 허용하는 곳이라고 악명이 자자한 곳이야. 반인권적인 행위에 대한 적법한 처벌도 이루어지지 않고 있지.

이 청년들도 적법한 절차 없이 관타나모에 감금되었어. 그곳에서 이들은 말로 표현할 수 없는 학대와 고문을 당했단다. 단지 테러범으로 의심된다는 이유 하나만으로 말이야.

이 이야기는 〈관타나모로 가는 길〉이라는 영화의 내용이야. 영화지만 허구가 아닌, 실제 관타나모에서 일어나고 있는 일로 감독은 그곳에서 일어나는 일을 세상에 알리고 싶어서 이 영화를 만들었다고 하는구나.

다행히 네 명의 청년들은 2004년에 석방되었지만, 그 뒤로 잠자는 것이 매우 힘들었다고 해. 그곳에서의 힘든 생활과 고문 때문에 아직도 악몽을 꾼다는 거야.

어떤 보고서에 따르면 그곳에 감금된 포로 중 8퍼센트만이 테러 단체에 소속된 사람이었다고 하는구나. 그런데도 미군은 고문에 가까운 취조를 한다고 해.

버락 오바마가 미국 대통령에 당선되고 나서 관타나모 수용소를 폐쇄하고 테러 용의자에 대한 심문 방식을 바꾸도록 지시한 것도 이와 같은 인권 침해가 얼마나 공공연하게 자행되고 있었는지 잘 보여 주는 반증이라고 할 수 있어.

전통 때문에 꿈을 이룰 수 없는 아이들

파키스탄에 사는 로쉬드의 꿈은 트럭 운전사야. 애걔! 트럭 운전사가 무슨 꿈이냐고?

로쉬드의 이야기를 들어 본다면 그 꿈을 이루는 것도 그리 간단한 문제가 아니라는 것을 금세 알게 될 거야.

사실 파키스탄 오지 시골 마을에 사는 12세 여자아이 로쉬드의 원래 꿈은 너른 하늘을 종횡무진 날아다니는 멋진 비행기 조종사야. 어느 날 개울가로 빨래하러 가다가 요란한 소리를 내며 하늘을 나는 비행기를 보고는 깜짝 놀라 빨래 바구니까지 땅바닥에 떨어뜨렸단다.

로쉬드는 자기가 태어난 마을 밖으로 나가 본 적이 없었어. 열흘이나 보름에 한 번씩 온갖 물건을 싣고 마을을 찾아오는 트럭 운전사가 유일하게 바깥세상을 연결해 주는 통로였단다. 로쉬드의 고향은 텔레비전도, 인터넷도 없는 정말 시골 중에서도 시골이거든.

어느 날 로쉬드는 그 트럭 운전사에게 물어보았어. 저 비행기를 타려면 어찌해야 하냐고. 그러자 트럭 운전사는 이렇게 말했단다.

"글쎄다. 아마 높은 산에 올라가서 손을 흔들어야 하지 않을까? 그래야 비행기가 내려오지."

"산이 어디 있는데요? 우리 동네에는 산이 없잖아요. 우리 동네는 벌판뿐인데……."

"하긴 나도 지나다니면서 그만큼 높은 산은 못 본 것 같구나. 트럭을 타고 한참 가다보면 있겠지."

그렇게 해서 로쉬드의 꿈은 트럭 운전사가 되었어. 하지만 그 꿈마저도 로쉬드가 사는 마을의 전통 때문에 이룰 수 없다면 어떨 것 같니?

로쉬드의 마을에서는 여자를 교육시키지 않아. 여자가 글을 배우게 되면 교만해진다고 믿기 때문이지. 당연히 운전 교육도 받을 수가 없어. 그러니 로쉬드가 트럭 운전사의 꿈을 이루는 것은 어쩌면 하늘의 별따기처럼 어려운 일인지도 몰라.

여자아이의 발을 꽁꽁 묶어 자라지 못하게 했던 중국의 '전족'이라는 전통 역시 인간의 자유와 인권을 인정해 주지 않은 결과라고 할 수 있어.

나라마다 민족마다 각기 전통이라는 것이 있단다. 요사이 오랜 세월 전해진 아름답고 멋진 전통은 관광 상품이 되어 다른 나라에 자기 나라를 알리는 훌륭한 수단이 되기도 해. 하지만 그릇된 믿음에 바탕을 둔 전통을 지나치게 강조하다 보면 이렇게 알게 모르게 누군가의 인권을 침해할 수도 있어. 그리고 그 피해자는 여자와 어린이와 같은 사회적 약자가 대부분이야. 옛날이야기 같다고? 그렇지 않아. 이 이야기는 지금 우리가 살고 있는 바로 이 세상의 이야기란다.

국가 인권 위원회가 앞장서요!

자, 지금까지 우리는 국민의 인권을 보호해 주어야 할 국가가 오히려 인권을 억압하는 상황을 살펴보았어. 그렇다면 과연 누가 나서서 이런 잘못된 상황을 바로잡을 수 있을까?

우리는 국가라는 틀 안에서 생활하고 있어. 현실적으로 인권을 보장받으려면 우리가 사는 국가 안에서 민주주의가 지켜져야 해. 그래야 국민의 기본적 자유가 보장되기 때문이야.

그러려면 국가의 권력에 대한 확실한 견제 장치가 필요하단다. 권력은 그대로 방치할 경우 부패할 수가 있거든. 오죽하면 '권력은 부패하기 쉽고, 절대적인 권력은 절대적으로 부패한다' 는 말이 있겠니?

　우리나라의 국가 인권 위원회는 국가 권력을 통해서 인권을 보호하는 기관이란다. 다시 말해, 국민의 인권을 보호하라고 나라에서 만들어 놓은 조직이라는 뜻이지.

　국가 인권 위원회는 무슨 일을 할까? 2001년에 출범한 국가 인권 위원회는 인권을 침해하고 평등권을 침해하는 차별 행위를 조사하고 그것을 구제하는 일을 주로 한단다.

　평등권을 침해하는 차별 행위란, 합리적인 이유 없이 성별, 종교, 장애,

나이, 사회적 신분, 출신 지역, 출신 국가, 출신 민족, 용모, 결혼 여부, 임신 또는 출산, 가족 관계, 인종, 피부색, 사상 또는 정치적 의견 등의 이유로 고용이나 교육 등 일상생활에서 사람을 차별하는 것을 말해.

국가 인권 위원회는 국가 권력의 간섭이나 지휘를 받지 않아. 정해진 업무를 독자적으로 수행하는 독립 기구란다.

인권 보호를 위한 국제적 노력이 필요해요!

국가는 인권을 보호할 의무가 있지만 이따금 인권 침해의 주범이 되기도 해. 국가는 국민의 인권을 보호하고 소중하게 생각할 때만 그 가치를 인정받는 거야. 하지만 그것이 제대로 이루어지지 않을 때는 유엔과 같은 국제 사회가 힘을 합쳐 인권 개선을 위해 노력한단다.

국가는 국제 사회에서 주권을 지닌 개별적인 단위야. 그런데 제아무리 국가가 주권을 지니고 있다 할지라도, 그 국가에서 인권 침해가 일어나는데 국제 사회에서 보고만 있어야 되겠니?

과거에 다른 나라에서 일어나는 인권 문제를 국제 사회가 무시한 결과 인류에 커다란 고통과 시련을 안겨 주었어.

국제 인권법은 이런 역사적인 사건들을 겪으면서 발달하게 된 것이란다.

인권 문제는 지구촌 전반에 영향을 미치기 때문에, 이제 국제 협력을 통한 인권 보호의 의무가 강조되고 있는 거란다.

세계화는 지구촌의 교류를 통해 인권의 보편적 규범을 확산시키고 있어. 인권의 발전은 곧 인권의 세계화 현상을 의미해. 그런데 인권의 세계화에 가장 심각한 걸림돌로 작용하는 것은 '내정 불간섭 원칙'이란다.

'내정 불간섭의 원칙'은 다른 나라의 간섭을 받지 않고 자기 나라의 정치는 스스로 결정한다는 것을 말해.

그렇기 때문에 유엔이 관여하는 데도 한계가 있단다. 바로 국가마다 가지고 있는 주권 원칙 때문이야. 유엔은 어디까지나 주권 국가들이 모여 결성한 단체이기 때문에 주권 국가들이 합의를 해야만 활동할 수 있어. 인권 제도 또한 마찬가지란다.

따라서 가장 강력한 인권 기구인 **인권 위원회**도 회원 국가들의 의견이 일치되지 않는다면 인권 보호를 위한 기능을 제대로 수행하기가 어려워. 인권을 보호하려는 이유 때문이라고 해도 국가마다 독립적으로 가지고 있는 주권을 침범하는 것은 상당히 복잡하고 민감한 문제란다.

인권 위원회 2006년부터 인권 이사회로 지위가 높아졌어요.

국제 사회의 노력에도 불구하고 인권 침해가 발생한다면 어떻게 해야 할까? 법의 심판을 받도록 해야겠지? 그래서 생겨난 것이 국제 형사 재판소야.

국제 형사 재판소는 전쟁 범죄와 일반 사람을 무차별적으로 학살하는 중대한 범죄를 저지른 사람을 기소해 심판하는 최초의 상설 국제 재판소라고 할 수 있어.

유엔 총회는 제2차 세계 대전 중에 죄를 지은 전범을 처벌하려고 독일의 뉘른베르크 재판소, 일본의 도쿄 재판소와 같은 국제 재판소를 설립했지.

그 이후 이 문제에 대한 토의가 계속되었어. 그리고 1990년대에 들어서 르완다와 옛 유고슬라비아에서 끔찍한 학살이 발생한 이후 특별 재판소의 형태로 전범 재판소가 설립되었단다.

하지만 보다 신속하고 명확한 재판을 위해 상설 국제 재판소가 필요하다고 생각했어. 그래서 국제 형사 재판소가 설립된 거야. 국제 형사 재판소는 개인을 기소할 수도 있단다.

각 국가의 법원이 해당 범죄를 조사하지 않고 기소하지도 않으려 할 때 국제 형사 재판소가 자체적으로 권한을 행사할 수 있어.

국가를 견제하고 감시하는 시민 단체

국민의 인권을 보호해 주어야 할 의무가 있는 국가가 혹시라도 인권 침해를 하지 않도록 하려면 어떻게 해야 할까? 끊임없이 감시하는 수밖에 없어.

감시란, '경계하여 지켜본다' 는 거야. 다시 말해 국가를 책임지는 정치인과 국가 기관이 어떻게 행동하는지 항상 관심을 두고 지켜봐야 한다는 뜻이지.

사회의 갈등을 원만하게 조정하고, 질서를 유지해 주고, 국민의 인권을 적극적으로 보호해 주어야 할 국가가 잘못된 길로 갈지도 모르니까 말이야.

정치가 정말 제대로 움직이는지 감시하려고 여러 사람이 자발적으로 단체를 만들어 활동하기도 하는데, 이를 시민 단체라고 부른단다.

시민 단체란, '시민들이 자발적으로 만들어서 정치에 참여하는 단체'를 말해. 보통 NGO라고 부르기도 하는데, NGO는 Non-Government Organization의 약자란다. Government란 정부를 뜻하는 단어기 때문에 NGO는 '정부가 아닌 조직'을 일컫는 말이야.

여기서 중요한 것은 '자발적으로'라는 말이야. 스스로 정치에 관심을 갖고, 바쁘지만 시간을 쪼개어 정치에 참여하는 사람이 많아지면 많아질수록 시민 단체의 힘은 커지게 되겠지.

21세기에 들어서 시민 단체의 활동이 더욱더 커지고 있단다. 우리나라는 1980년대에 민주주의 운동을 시작으로 시민 단체가 급속하게 성장하기 시작했어.

그동안 우리나라에서 공익사회 전체의 이익을 추구하는 것은 정부만이 할 수 있는 고유한 영역이었고, 국민은 단순히 그 혜택을 받거나 그 혜택에서 소외된 방관자에 불과했어.

그러나 1980년대 이후 시민 단체들이 활발하게 활동하면서 정부가 중심이 되는 정치에도 변화의 바람이 불기 시작했지. 이것이 바로 우리나라를 민주주의 국가로 만드는 원동력이 된 것이란다.

일반적으로 인권 시민 단체는 국가가 인권 침해를 하는지 감시하고 정기적으로 이러한 내용을 발표하고 있어. 또한 인권을 침해한 사실이 밝혀지면 이를 막으려고 국가에 압력을 가하거나 국제적인 인권 보호 장치를 만들도록 힘쓴단다.

인권 시민 단체들은 자신들이 가진 정보를 바탕으로 인권 침해가 발생할 경우 신문과 방송에 공개하거나 유엔과 같은 국제기구에 알려.

그래서 앞으로 더 이상 인권 침해를 하지 못하도록 여론을 조성한단다. 또한 법률 안내와 교육 등을 통해 개인과 단체가 자신의 권리를 알고 이를 행사하는데 도움을 주고 있어.

인권은 이 세상을 살아가는 인간으로서 누려야 할 기본적인 권리를 말해. 그럼에도 불구하고 여성, 장애인, 어린이 등 사회적 약자에 대한 차별은 너무도 익숙해져 있어서 그게 차별이라고 깨닫지 못한 채 넘어가는 경우가 많단다. 이런 차별의 이유들을 가만히 들여다보면 모두 나의 의지와는 상관없이 결정된 것들이 대부분이야. 나의 의지와는 아무 상관없이 그저 주어진 조건들 때문에 차별을 받아야 한다면 정말이지 너무 억울하지 않을까? 잘못된 것을 깨닫고, 스스로 고치려고 노력할 때, 우리 사회는 보다 행복한 사회가 될 수 있을 거야.

6

인권을 누리지 못하는 사람들

사회적 약자와 인권

'우리'라는 말에 숨겨진 무서운 비밀

　인권에 해당하는 영어식 표현은 'human rights'야. 자세히 보면 권리를 뜻하는 Right자에 s자가 붙어 여럿을 뜻하는 '복수'가 된 것을 알 수 있어. 이 말은 인간의 권리가 하나가 아니라는 뜻이야. 여러 개의 권리가 모여 있다는 말이란다. 그렇다면 다양한 권리와 권리가 충돌한다면 어느 쪽에 손을 들어 주어야 할까?
　"여러 권리 중에서도 인간의 기본권인 인권이 가장 중요한 권리입니다. 비슷한 성격의 권리들이 서로 충돌할 때에는 약자의 권리를 우선적으로 배려해야 합니다."
　인권은 이 세상을 살아가는 인간으로서 누려야 할 기본적인 권리지 사치가 아니야. 그러나 사회적 약자에 대한 우리의 차별은 너무도 익숙해서 그게 차별이었는지조차 제대로 알지 못하는 경우도 많단다.
　우리 인간은 나와 차이가 있을 때 두려워하고 경계하는 습성이 있어. 낯설다는 것, 그것은 익숙하지 않다는 것이야. 사람들은 보통 이 낯선 것을 업신여기거나 아니면 반대로 동경한단다. 그 마음속에는 두려움이 숨어 있기 때문이지. '나와 다르기 때문에 나와 다른 그것이 나를 위협할 수도 있다'

는 막연한 생각에서 비롯된 인간의 오래된 본능이라고 할 수 있어.

어느 날 갑자기 나타난 키 큰 거인 걸리버를 소인국 사람들은 어떻게 했니? 걸리버에 대해 아무것도 모르면서 걸리버의 몸에 밧줄을 꽁꽁 묶어 두었던 거 기억하지? 이것은 이 낯선 사람이 자신들을 해칠지도 모른다고 생각했기 때문이야.

그렇다면 이 낯선 것과 친해지는 방법에는 무엇이 있을까? 그것은 바로 '익숙해지는 것'이란다.

인권을 제대로 인정받지 못하는 사람이 많다는 것은 어떻게 보면, 그 사회가 '닫힌 사회'이며, 낯선 것과 익숙해질 기회를 얻지 못한 사람들이 많기 때문이라고 할 수 있어.

차별이란 너와 나를 구분 짓는 행위란다. 차별은 '편 가르기'에서 출발해. 자신과 다르다는 이유로 다른 사람을 무시하고 깔보는 태도란다. 우리 집, 우리 학교, 우리 동네, 우리나라 등 '우리'라는 단어는 참 따뜻하고 정감어린 말이야.

하지만, 만약 그 '우리'에 포함되지 않은 사람이라면 어떨까? 우리라는 틀 안에 속하지 않은 사람들에게는 '우리'라는 그 말이 차갑고 부당하고 때로는 폭력적으로 들릴 수도 있어.

여기서 한마디! 우리는 '틀리다'는 말을 자주 쓰곤 해. '나는 너와 틀려', '그것은 틀린 거야' 등 자기 기준에서 조금이라도 다르면 '틀려'라고 규정해 버려. 이럴 때는 '틀리다'라는 말보다 '다르다'라는 말을 사용하는 것이 옳아.

　요즈음 텔레비전 프로그램을 보면 출연자가 '틀리다'라고 말할 때 자막으로 '다르다'라고 올바르게 표현해 주는 것을 볼 수 있을 거야. 언어는 습관이야.

　근대 사회로 넘어오면서 '모든 인간은 존엄성을 갖는다'는 생각이 자리 잡게 되었어. 그래서 사회적 약자에 대한 차별을 중요한 사회 문제로 인식하게 되었단다.

　하지만 여전히 사람들은 성별, 장애, 피부색, 나이, 출신 지역 등 셀 수 없이 많은 이유로 알게 모르게 나와 다른 사람을 무시하고 깔보는 경우가 많아. 이런 차별의 이유들을 가만 들여다보면 모두 나의 의지와는 상관없이 태어날 때부터 결정된 것들이 대부분이야.

나의 의지와는 아무 상관없이 그저 주어진 조건들 때문에 내가 차별을 받아야 한다면 정말이지 너무 억울하지 않을까?

그래도 최근에는 장애인이 편하게 이동하는 '장애인 이동권'이라든가 또 모두가 평등하게 교육받을 수 있는 '교육권'은 많은 사람의 노력으로 조금 나아진 부분도 있기는 해.

하지만 평등한 사회, 모두가 행복한, 보다 아름다운 사회로 나아가려면 아직도 우리가 귀 기울여야 할 부분이 많단다. 그건 어느 한쪽만의 행복을 위한 게 아닌 거야. 더불어 산다는 건 결국 나의 행복이자 우리 모두의 행복을 위한 거지, 내가 손해를 보게 되는 일은 결코 아니거든.

내가 사투리를 좀 쓴다고, 내 피부가 좀 가무잡잡하다고 차별을 받는다면 기분이 어떨까? 이런 사소한 차이들이 차별을 낳고 더 나아가 타인의 인권을 침해하게 되어서는 안 될 거야.

사회적 약자는 누구를 말하는 걸까?

사회적 약자란 누구를 가리키는 말일까? 비슷한 말로 '소수자'라는 표현도 있어. 그리고 영어로는 '마이너리티 minority'라고 표현해. 여기서 '소수'란 수적으로 많고 적음을 뜻하는 것이 아니란다.

소수인종, 소수민족과 같은 표현에서 보듯, 소수자라는 단어는 인종이나 민족과 관련해서 사용되는 단어라는 느낌을 줘. 우리나라에는 화교, 외국인 이주 노동자, 혼혈인, 결혼 이민자 등 인종적, 민족적 의미의 소수자가 있단다. 마찬가지로 여성, 장애인, 노인, 빈민 같은 전통적인 소수자도 있지.

우리나라의 경우도 정권을 비판했던 사람들에게 '빨갱이'라는 꼬리표를 달던 때가 있었어. 그들은 이 일로 모진 시련을 겪어야만 했어. 사실 이런 이들 때문에 우리나라가 민주화가 될 수 있었지만, 그 대가는 너무 컸단다. 이들을 '정치적 마이너리티'라고 분류한단다.

산업화와 세계화같이 경제의 성장이 우선인 사회에서는 경제적인 마이너리티가 발생해. 국가나 회사의 이익을 위해서 노동자, 농민, 도시 빈민들이 희생당하며 '경제적 마이너리티'가 되는 것이란다. 과거 강력한 힘을 지닌 국가 권력은 이들의 요구를 철저하게 억압해 왔어.

또한 우리 사회에는 '사회문화적 마이너리티'도 있어. 여성, 장애인, 동성애자, 외국인, 범죄자들은 '사회문화적 마이너리티'라고 할 수 있어.

"범죄자에게 무슨 인권이 있어? 어떻게 생긴 놈인지 얼굴 좀 보자!"

끔찍한 범죄에 분노한 시민들의 이러한 태도는 어떻게 보아야 할까? 범죄자의 인권이 먼저일까? 아니면 두 번 다시 그런 일이 일어나지 않도록 하기 위해 얼굴을 공개하는 것이 나을까?

살인을 저지른 뒤 붙잡힌 범죄자의 얼굴을 본 적 있니? 대부분 모자를 깊이 눌러쓰고 마스크를 쓴 모습만 보았을 거야. 아무리 흉악한 범죄를 저질렀다고 해도 이들에게도 인권이 있기 때문에 얼굴을 공개하지 않는 거란다.

"나에게는 꿈이 있습니다"

"나에게는 지금 꿈이 있습니다. 그것은 **아메리카 드림**에 깊이 뿌리를 둔 꿈입니다. 나에게는 꿈이 있습니다. 어느 날 조지아에서 미시시피와 앨라배마에 이르기까지 옛날 노예의 아들들이 옛날 주인의 아들들과 함께 형제처럼 살게 되는 꿈입니다. 나에게는 지금 꿈이 있습니다. 어느 백인 어린이가 흑인 어린이와 형제자매처럼 손을 잡게 되는 꿈입니다. ……나에게는 지금 꿈이 있습니다. 어느 날 모든 사람은 평등하게 태어났고, 창조주로부터 생명, 자유, 행복 추구 등 양도할 수 없는 권리를 받았다는 제퍼슨의 말을 인정하게 되는 꿈입니다. ……나에게는 지금 꿈이 있습니다. 인간이 모두 형제가 되는 꿈입니다. 나는 이런 신념을 가지고 나서서 절망의 산에다 희망의 터널을 뚫겠습니다. 어둠의 어제를 광명의 내일로 바꾸겠습니다. 우리는 이런 신념을 가지고 새로운 날을 만들어 낼 수 있습니다."

아메리카 드림 America dream
잘살아 보겠다는 꿈을 가지고 미국으로 이주하는 것을 말해요.

이것은 미국 흑인 인권 운동가로 유명한 마틴 루터 킹 Martin Luther King Jr. 목사의 워싱턴 연설문의 일부야.

미국에서는 남북 전쟁의 아픔을 겪고 난 뒤에 노예 제도가 폐지되었지만, 그 뒤로도 오랫동안 흑인에 대한 차별이 뿌리 깊게 남아 있었어. 흑인은 들어갈 수 없는 백인 전용 식당도 있었고, 화장실도 흑인용과 백인용이 따로 정해져 있었어. 버스에서도 마음대로 앉지 못했지.

그리고 KKK단이라는 무시무시한 단체가 무차별적으로 흑인에게 테러를 저지르기도 했단다. 자유의 상징인 미국에서 이런 일이 있었다니! 믿어지지 않지?

흑인에 대한 부당한 차별을 어떻게 바로잡을 수 있을지 고민하던 마틴 루터 킹이 본격적으로 인권 운동가로 뛰어든 것은 앨라배마 주 몽고메리의 침례교회 목사로 부임한 뒤란다.

당시 '흑백분리법'은 버스 안에서 백인과 흑인이 함께 앉지 못하게 했어. 흑인 승객들은 앞문으로 버스에 올라타 차비를 내고 내린 뒤 뒷문으로 다시 타야 했단다.

빈 좌석이 있어도 흑인이라는 이유로 서서 가야 했어. 백인이 한 명도 타지 않은 경우에도 흑인들은 백인 전용 앞좌석에 절대로 앉을 수 없었기 때문이야. 백인 전용석이 다 찼을 때 백인이 버스에 올라타면, 흑인은 자신의 자리를 양보해야 했다는구나.

그런데 '로자 파크스'라는 흑인 여성이 이를 위반하여 체포되는 일이 벌어졌단다. 백인 남자가 버스에 올라타자 운전사가 부인에게 뒤로 가라고 했는데, 부인이 자리에서 일어나지 않았던 거야.

이 부당한 현실에 맞서 미국 남부 몽고메리의 흑인들은 버스 승차를 거

부하는 '버스 보이콧 운동'을 벌이며 인종 차별 폐지와 흑인의 시민권 획득을 위한 투쟁을 벌였어. 26세의 마틴 루터 킹 목사는 선두에 서서 이 운동을 이끌며 무려 381일간 싸워 나갔어. 온갖 협박을 견뎌내며 투쟁한 결과 마침내 버스 안에서의 인종 분리가 헌법에 위배된다는 연방 최고법원의 결정을 끌어냈단다.

한국 사람들은 백인만 좋아해!

미영이 아빠는 미영이가 다니는 영어 학원 선생님이 피부가 검은 **아프리카계 미국인**이라는 것을 알고 깜짝 놀랐어. 그 학원 선생님 중에는 한국인 남편과 결혼한 동남아 출신의 결혼 이민자도 많았어.

> 아프리카계 미국인 죽음, 어둠을 상징하는 '검다'라는 뜻의 흑인이라는 말 대신, 요즘은 '아프리카계'라는 단어를 주로 사용해요.

그 사실을 알게 된 미영이 아빠는 미영이에게 학원을 당장 옮기라고 했단다. 그 학원 선생님들도 교육시킬 수 있는 자격을 갖췄고 영어도 완벽하게 구사하는 분들이었어. 그런데 미영이 아빠는 왜 그랬던 걸까?

한국인 남편과 결혼한 우즈베키스탄 사람 타냐 씨는 외출할 때면 언제나 모자를 푹 눌러쓰고 다녀. 큰 키에 하얀 피부, 금발머리만 보고 지나가는 사람들이 모두 영어로 말을 걸어 오기 때문이야. 하지만 타냐 씨는 한국말은 잘 하지만 영어는 할 줄 몰라. 미국 사람이 아니니까.

무슨 말인지 몰라서 그저 가만있으면 가끔씩 중고등학교 남학생들이 욕을 하고 지나간다는 거야. 아마 말을 걸었는데 대답을 안 하니까 학생들이 무시당했다고 생각을 한 모양이야.

그런데 만약 타냐 씨의 피부색이 짙었다면 과연 사람들이 생글생글 웃는 얼굴로 인사말을 건넸을까?

한국 사람들이 다른 나라 사람들을 차별한다고 하는데 엄밀히 말하면 한국보다 못 사는 나라에서 온 사람들, 또는 피부색이 짙은 사람들을 차별하는 경우가 많아.

2008년을 기준으로 대한민국에는 40만 명이 넘는 외국인 노동자가 일을 하고 있어. 또, 결혼하는 열 쌍 중에 한 쌍 이상이 외국인과 결혼한다고 해. 그중에는 물론 백인도 있지만 우리보다 피부색이 짙은 사람들이 더 많아.

어쨌거나 우리나라도 벌써 여러 나라의 다양한 사람들이 모여 사는 다문화 사회가 된 거지.

피부색이 짙다는 이유로, 한국말을 어눌하게 한다는 이유로 다문화 가족의 청소년들이 차별 대우를 받고 소외감을 느낀다면, 그것이 우리 사회에 어떠한 영향을 미치게 될지 아무도 알 수가 없어.

인순이, 하인즈 워드, 다니엘 헤니. 이들은 모두 한국계 어머니를 둔 혼혈인들이야. 혼혈인에 대한 차별과 서러움을 꿋꿋이 극복하고 오늘의 성공을 이룬 인물들이지.

우리가 이들의 성공에 박수와 찬사를 보내는 것

은 이들의 성공이 남다르기 때문이기도 하지만, 그동안 혼혈인을 차별의 눈으로 대해 왔다는 뜻이기도 해.

여자는 투표하지 말라고?

고대 올림픽에서 여성들은 경기에 참여할 수가 없었단다. 참여는 고사하고 관람조차 할 수가 없어서 남장을 하고 경기장에 들어갔다고 하는구나. 1900년도에 이르러서야 비로소 여성이 테니스와 골프 부문 올림픽에 출전할 수 있었어.

쿠베르탱Coubertin, Pierre de 1863-1937이라고 들어봤니? '근대 올림픽의 아버지'라고 불리며 숭배를 받는 인물이지만, 사실 쿠베르탱은 인종주의자이자 여성 혐오자였어. 쿠베르탱은 "월등한 인종인 백인종에게 다른 모든 종족은 충성을 바쳐야 한다"는 말을 서슴지 않고 했지.

인종주의자였던 히틀러는 이런 쿠베르탱을 몹시 마음에 들어 해서 노벨 평화상 후보로까지 추천했었단다. 물론 다행히도 받아들여지지는 않았지만 말이야. 우리가 아는 유명한 작가들 중에도 이런 인물이 많아. 여성에게 남성들과 똑같은 교육은 필요치 않다고 말한 사람들도 있었단다.

근대 사회의 시작과 더불어 인간의 가치, 인간의 존엄성, 인권의 중요성을 인식하게 되었다고 했지? 하지만 근대 초기에 '인간'이란 '여성'을 뺀 '남성'만을 의미했어.

18세기 후반 미국 혁명과 프랑스 혁명의 영향을 받아 '남녀는 평등하며 본질적으로 동등하다'는 쪽으로 생각이 바뀌기 시작했어. 그러면서 여성의 권리를 주장하는 '페미니즘'이 서서히 나타나기 시작했단다.

이후 19세기에 이르러서야 여성도 남자와 똑같이 존중받을 권리와 대우를 해 달라고 요구하게 되었어. 그리고 20세기에 이르러서야 마침내 여성이 정치에 참여할 수 있는 '여성 참정권'을 얻게 되었단다.

최초로 여성의 권리를 주장한 올랭프 드 구즈

올랭프 드 구즈 Gouges, Olympre de 1748-1793는 프랑스 혁명 당시에 푸줏간 집안에서 태어난 극작가야. 17세의 나이에 결혼했지만, 남편이 죽자 아들을 데리고 파리로 이사했지.

구즈는 파리에서 활동하며 사회의식이 강하게 드러나는 에세이와 희곡을 썼어. 노예 제도에 반대하는 《흑인노예》라는 희곡을 써 무대에 올렸지만, 작가가 여자이며 내용에 논쟁의 소지가 있다는 이유로 세 번째 공연을 마지

막으로 더 이상 상연되지 못했단다.

인권의 열렬한 옹호자로서, 구즈는 희망과 기쁨 속에 프랑스 혁명의 시작을 맞이했어. 하지만 혁명이 내세운 '박애'가 여성에게는 해당되지 않는다는 사실을 알고 크게 실망하고 말아.

구즈는 여성의 평등한 정치, 평등한 법적 권리를 쟁취하기 위한 모임에 참여하면서 "여성이 처형대에 오를 권리가 있다면, 연단에도 오를 권리를 가져야 한다"는 유명한 말을 남겼지.

구즈는 프랑스 혁명의 〈인권 선언문〉을 본떠 〈여성과 여성 시민의 권리 선언〉을 작성했어. 남성의 권위, 여자와 남자가 불평등하다는 관념에 도전한 이 글은 보편적인 인권을 주장하는 첫 번째 선언문이었단다.

하지만 구즈의 생각과 적극적 활동은 남자들의 조롱과 비난을 사기 일쑤였고, 마침내 "여성으로서의 미덕을 망각했다"는 이유로 체포되어 처형당하고 말았단다.

여자에 대한 편견과 차별

힘겹게 어려운 공부를 하고 법관이 된 40대의 여성이 있었어. 법원으로 첫 출근하는 날, 너무도 기뻤겠지? 걸음도 당당하게 법원 정문을 들어서는데, 나이 든 경비원이 불러 세우더래.

"어이, 아줌마가 어딜 들어가?"

이것은 불과 몇 년 전에 실제로 있었던 일로 신문에 커다랗게 소개되기도 했던 이야기야. 그 법관이 바로 너희의 엄마라고 생각해 보자. 기분이 어떨 것 같니?

어느 날 한 여자 운전자가 운전하다가 사소한 접촉 사고를 냈어. 그런데 상대방 남자 운전자는 잘잘못도 따지기 전에 다짜고짜 이렇게 말했어.

"집에서 솥뚜껑이나 운전하지, 왜 돌아다녀? 아줌마, 보험이나 들고 다니는 거야?"

왜 운전을 남자들만 해야 한다고 생각하는 걸까? 지금은 이런 사람이 많지 않을 거라고 생각해. 앞으로는 분명 더 줄어들 것이고. 혹시라도 우리의 말 속에 여자를 무시하고 깔보는 태도가 숨어 있지는 않은지 생각해 보자.

아직도 파키스탄에서는 운전하는 여자들을 이상한 눈으로 쳐다보고, 사우디아라비아에서는 법적으로 여자들의 운전을 금하고 있어.

이슬람교를 믿는 여자들은 얼굴을 가리고 외출해야 해. 나라마다 정도의 차이는 있지만 모두 머리카락과 얼굴을 천조각으로 가리고 있어. 히잡, 차도르, 부르카 등 얼굴을 가리는 이 천조각을 부르는 이름도 제각각 다양하지만, 이슬람교의 전통에 의하면 여자들은 가족을 제외하고는 남자들에게 얼굴을 보여서는 안 된다고 해.

더운 여름날, 시커먼 부르카로 온몸을 꽁꽁 감싼 여자를 생각해 보면 정말 끔찍하다는 생각이 들지 않니? 물론 자신의 종교를 지키려고 스스로 원해서 입은 거라면 할 말은 없지만 말이야.

이란의 행동하는 양심, 희망의 대변자로 칭송받는 여성 인권 운동가 '시린 에바디'는 이란 최초의 여성 판사였어. 하지만 이슬람 혁명으로 새롭게 집권한 정부에서 여성은 감정적이기에 법 집행에 적합하지 않다며 여성의 법관 임용을 금지했단다.

법관에서 물러난 에바디는 여기서 좌절하지 않았어. 여성과 어린이들의 인권을 위해 변호사로 활발히 활동했단다. 에바디는 이러한 공로를 인정받

아 노벨 평화상까지 받았지.

그런데 노벨 평화상 시상식장에서 히잡을 벗었다는 이유로 테헤란 대학 강연장에 들어가지도 못하는 봉변을 당했단다. 히잡을 쓴 여학생들이 에바디를 비난했기 때문이야.

많이 나아졌다고는 하지만 지금도 여자들에 대한 편견과 차별, 그로 인한 불이익은 여전해. 정치인이라든가 고위 공직자 중 여성의 비율이 현저히 떨어진다는 것을 보아도 우리 사회에서 여성들의 사회 활동을 막는 '유리 천장'이 존재한다는 걸 알 수 있단다. '유리 천장'이란 여성이 직장 등에서 높은 자리로 승진하는 것을 가로막는 보이지 않는 벽을 가리켜.

모두에게 평등한 기회가 주어지므로 능력만 있으면 여자도 남자와 똑같이 승진할 수 있는 것처럼 보이지만 사실은 눈에 보이지 않는 장벽이 많이 있단다.

육아 문제, 가사 노동 등과 같은 것들이 여성의 사회 진출을 가로막기도 하지만, 여성에 대한 보이지 않는 편견이 양성평등을 가로막는 주요 원인이 되기도 해.

게다가 사회가 험악해지고 각박해질수록 가장 위협받는 이들 역시 힘이 약한 여자들이야. 유괴라든가 성폭력의 주 대상이 되기도 하니까. 그러니 이들에 대한 특별한 보호라든가 법적 장치가 필요하다는 점에 모두 공감할 거야.

동화 속에 숨겨진 편견

《신데렐라》, 《백설 공주》, 《인어 공주》. 이 이야기들의 공통점이 무엇인 줄 아니? 여러 가지가 있지만 몇 가지 살펴보면 여자 주인공들이 모두 예쁘고 착하다는 것. 무엇보다 그중에서도 가장 큰 공통점은 이 작품들의 결말에 왕자님이 나타나 모든 문제를 해결해 준다는 거야.

이런 동화들은 여자는 반드시 이러해야 한다는 고정 관념을 심어 주어

성차별을 더욱 부추기는 부작용을 낳기도 해. 게다가 여자 주인공들은 자신이 노력해서 얻은 것이 아닌, 태어나면서 운 좋게 얻게 된 '왕자라는 신분'에 다른 것은 생각지도 않고 첫눈에 사랑에 빠지지.

사람들은 백마 탄 왕자에 대한 환상을 좀처럼 벗어던지려 하지 않아. 하지만 여자들이 동화 속 주인공들처럼 모두 그렇게 어리석다고 생각지는 않아.

이런 문제점들을 인식한 젊은 작가들이 요사이에는 동화 뒤집어보기, 동화 다시 쓰기를 시도하고 있으니까. 너희도 동화를 읽을 때, 성차별적인 내용은 없는지 꼼꼼히 따져보는 태도를 길렀으면 좋겠구나.

전생에 무슨 죄를 지었기에!

정우는 그날을 생각하면 지금도 온몸이 오싹해! 평소처럼 집 근처 골목에서 친구들과 자전거를 타고 있었어. 어디선가 갑자기 나타난 커다란 트럭이 정우의 자전거를 순식간에 쾅하고 부딪쳐버린 거야. 그때 트럭 운전사는 술에 취해 있었대. 정우는 많이 다쳤어. 평생 두 다리를 쓸 수 없을지도 모른다는 말을 들었지.

기술과 교통수단이 발달하면서 우리의 생활이 편리해진 것도 있지만, 우리의 생활이 예전보다는 더 위험해진 것도 사실이야.

우리도 정우처럼 언제라도 장애인이 될 수 있단다. 어느 날 갑자기 장애인이 된 정우는 마음대로 지하철이나 버스를 탈 수가 없어. 지하철역까지 휠체어를 밀고 가는 것도 힘들지만 그 많은 계단 때문에 혼자서 외출을 한다는 것은 엄두도 낼 수가 없단다.

정우는 생각했어. 지난날, 텔레비전에서 휠체어를 탄 장애인들이 '장애인의 이동권'을 보장하라고 눈물을 흘리며 시위했던 이유를 이제는 알겠다고. 장애인들도 자유롭게 오가고 싶다고 외치던 그 마음이 자신이 똑같은 처지가 되고 보니 이해가 된다는 거야.

그래서 많은 장애인이 캐나다나 다른 선진국 등으로 이민을 떠난다고 해. 왜냐고? 그곳은 장애인들에 대한 인식과 배려가 우리나라보다 월등히 뛰어나기 때문이야.

장애인을 보는 비장애인들의 시각은 참 이중적이야. 어떤 노인들은 '전생에 무슨 죄를 지었기에 저런 업보를 가지고 태어났느냐' 며 대놓고 동정을 표하지. 하지만 동정은 장애인들에게 견디기 힘든 감정이란다.

장애인들에게 우선적으로 필요한 것은 생활의 불편함을 덜어 주는 편의 시설과 자신들을 다른 사람과 똑같이 봐 주는 시선이거든. 동정어린 관심을 원하는 것이 아니야. 그저 비장애인과 똑같은 삶을 누리고 싶을 뿐이란다.

올리버 트위스트 이야기

　고대 사회에서부터 어린이는 부모의 자산이나 소유물, 종족의 유지나 국가의 보호를 위한 수단쯤으로 여겨졌어. 안타깝게도, 하나의 인격체로 인정받지 못했어. 게다가 19세기 이후 산업 혁명이 급속하게 진행되면서 산업화, 도시화가 어린이들을 열악한 노동 현장으로 내몰았단다.

　농사를 지어 먹고살던 사회가 커다란 공장에서 물건을 만들어 파는 사회로 바뀌자, 사람들은 도시로 일자리를 찾아 떠났어. 일을 찾아 떠났던 것은 어른들뿐만이 아니었어.

　영국 소년 올리버는 부모님이 누구인지도 모른 채 고아원에서 살고 있었어. 하지만 고아원은 그리 편한 곳이 아니었단다. 실컷 먹지도 못하고 온종일 일만 해야 했지. 급기야 올리버는 런던으로 야반도주를 해.

　런던까지 가는 길은 무척 힘난했어. 하나밖에 없는 신발이 해지고 터지도록 걷고 또 걸어 도착한 런던. 올리버에게 런던은 어떤 도시였을까?

　당시 산업의 발달로 도시는 하루가 다르게 발전했어. 일은 힘들고 노동자에 대한 대접은 매우 열악했단다. 형편없이 나쁜 노동 환경 속에서 하루 스무 시간가량의 노동을 해야 했어. 급기야 가진 것 없고 배고픈 아이 올리버가 할 수 있는 일이란 남의 물건을 훔치는 것이었단다. 결국 올리버는 빈민굴로 끌려가 소매치기가 되었지.

영국의 작가 '찰스 디킨스'의 《올리버 트위스트》에는 산업화 과정에서 가난에 찌든 사람들, 특히 어린이의 인권이 어떠했는지 아주 잘 나타나 있어. 당시는 어린이의 인권이 전혀 인정받지 못했단다. 오히려 끔찍한 노동 착취를 당하기만 했어.

어린이의 인권을 지켜 주세요

제2차 세계 대전 당시 나치가 유대 인들을 게토에 가두었을 때, 폴란드의 바르샤바에서 태어난 야누슈 코르착이라는 유대 인 의사가 있었어. 유대 인 의사 코르착은 전쟁으로 부모를 잃은 굶주린 아이들을 보고 의사를 관두고 고아원 원장이 되었단다.

고아원을 운영하면서도 범죄에 빠진 어린이들을 위한 봉사 활동에 발 벗고 나섰지. 코르착은 아이들도 마음 편히 살 수 있어야 하고, 사람으로 대접받을 권리가 있어야 한다고 생각했어. 하지만 그 꿈을 다 이루지 못하고 코르착은 아이들과 함께 가스실로 끌려가 죽고 말았어.

유엔 아동기금인 '유니세프'는 어린이 권리에 대한 코르착의 뜻을 이어

받아 활동하는 곳이란다.

　이렇게 평생을 어린이를 위해 헌신했던 코르착의 정신을 기려 유엔은 1989년에 '어린이 권리 협약'을 선포했어. 힘없는 어린이들의 인권을 보호하자는 뜻이 모아져 이와 같은 국제 협약이 생겨나게 되었단다.

　이 협약은 어린이가 단지 작은 어른, 또는 약자이니 보호를 받아야 하는 존재에서 벗어나 어른과 마찬가지로 한 인간으로서 존엄을 지키며 자신의 삶을 위해 스스로 권리를 행사할 수 있다는 것을 강조했어.

다수결만으로는 모든 것을 해결할 수 없어요!

현대 민주주의 사회에서는 다수결의 원칙에 따라 의사 결정을 하기 때문에 자칫 소수자들의 권리와 의견이 무시될 가능성이 높아. 다수결의 원칙이 합리적인 것 같지만 이 원칙에는 함정이 있단다.

다수의 의견이 모두 옳은 것일까? 사리 판단을 제대로 하지 못한 어리석은 백성이 다수인 사회에서 과연 민주주의가 제대로 이루어질까? 그래서 다수의 횡포로부터 소수자를 보호할 제도가 필요한 것이란다.

소수자들도 자신들이 받는 차별을 널리 알리고 자신들의 권리를 찾으려면 당연히 노력해야 해. 인권이 바로 선 나라는 사회적 약자를 '보호하고 배려'하는 것이 아니라, 그들이 마땅히 누려야 할 권리를 누리도록 하는 거야. 그러니 베푼다는 느낌을 가져서도 안 되는 것이란다.

그리고 인권을 위해 애쓴 사람들이 있었기에 그나마 우리가 지금 이만큼의 인권을 누린다는 것을 가슴속에 새겨두어야 해. 그러면서 우리도 스스로의 인권을 위해, 또 소외받는 사람들의 인권을 위해 노력해야 할 거야. 그것은 누가 대신해 줄 수 없는 것들이니까.

인권은 서로 지켜 주어야 해요

인권은 어디에서 시작되어야 하는 것일까?

"인권은 집에서, 가까운 곳에서 시작합니다. 너무나 가깝고 너무나 작아서 세계 지도에서는 찾아볼 수 없는 곳에서 시작합니다. 그러나 그런 곳들은 여러 사람이 사는 세계입니다. 함께 사는 이웃, 배우는 학교, 일하는 공장, 농장, 사무실……. 남자, 여자 그리고 아이들이 차별받지 않는 평등한 정의, 평등한 기회, 평등한 존엄성을 누려야 하는 곳입니다. 이런 권리가 없다면, 권리는 어디에서라도 의미가 없습니다. 가까운 곳에서 권리를 지키려는 사람들의 도움이 없다면, 보다 큰 세계에서 진보를 바란다는 것은 헛된 것입니다."

세계 인권 선언을 만들어 낸 유엔 인권 위원회의 초대 위원장 엘리너 루스벨트는 이렇게 말했어. 이것은 인권은 아주 가까운 곳에서 시작되어야 한다는 것을 말한단다.

과거 권위만 내세우던 권위주의 시대에는 인권이 정치 투쟁의 단골 메뉴였어. 국가가 권력을 마음대로 휘둘러 일반 시민의 인권을 짓밟는 위험한 일이 자주 일어났으니 말이야. 하지만 정치적으로 민주화가 어느 정도 자리 잡은 오늘날에는 살아가면서 겪는 차별과 불평등 그리고 자기 생각을 표현하는 방법 등이 인권의 문제가 되고 있단다. 이게 바로 생활 속의 인권이지.

우리는 살아가면서 끊임없이 선택을 하게 돼. 결국 선택은 자기 스스로 결정할 문제야. 인권이란 가치는 누구나 적극적인 권리의 주체가 되어야 할 뿐만 아니라, 적극적인 의무의 주체가 되어야 한다는 점을 강조한단다.

인권은 나 자신을 포함해 모든 사람이 누려야 할 권리야. 내가 나의 권리를 당당하게 주장할 수 있는 것과 마찬가지로, 다른 사람들의 권리도 정당하게 보호해 주어야 해. 나의 인권을 보장받으려면 남의 인권도 존중해야 한다는 것을 반드시 명심했으면 좋겠구나.

인권은 그냥 저절로 얻어지는 것이 아니야. 나의 생활을 반성해 보고 주위에서 일어나는 일들에 대해 관심을 두고 개선해 나갈 때 비로소 얻는 것이란다. 가정에서, 학교에서, 지역 사회에서, 일상생활 속에서, 각자가 누려야 할 권리에는 무엇이 있는지 생각해 보아야 해.

민주 사회에서는 개인의 기본적 권리뿐만 아니라, 공동체 구성원으로서 의무가 무엇인지 깨닫고 더불어 살아갈 수 있어야 하는 거야. 그러려면 우리 스스로를 보호하고 인간답게 살 수 있도록 나와 너, 우리 모두가 꾸준하게 노력해야 한단다.

따라서 모든 사람이 자기 자신을 소중히 여기고 또 다른 사람의 인권을 존중하는 마음으로 살아간다면 우리 사회는 인권이 보장되는 좋은 사회, 사회 구성원 모두가 행복한 사회가 될 수 있을 거야.

살색이 살구색이 되기까지

　살색, 연주황색, 살구색, 모두 한 가지 색깔을 가리키는 말이야.
　크레파스 색깔 가운데 특정 색을 우리나라에서는 오랫동안 '살색'이라고 불러왔어. 그런데 그것은 잘못된 말이란다.
　"살색이 뭐 어때서?"
　이렇게 고개를 갸우뚱하는 친구들이 있을지도 몰라. 살색은 우리 한민족의 피부 색깔을 생각할 때만 살색인 거야. 우리나라에 사는 외국인들에게는 이 '살색'이라는 한마디 표현이 차별을 낳는 말이 될지도 몰라.
　외국인 노동자들을 위해 오랫동안 힘써왔던 김해성 목사가 2001년 '살색'이라는 표현은 인종 차별이라며 국가 인권 위원회에 진정을 냈어. 앞에서 국가 인권 위원회가 어떤 일을 하는지 설명했던 것 기억하지?
　이듬해 8월, 국가 인권 위원회에서 '살색'이라는 표현이 평등권을 침해할 소지가 있다고 인정했지. 그래서 '살색' 대신 '연주황'이라는 단어를 사용하기 시작했단다.
　그러자 이번에는 김해성 목사의 딸, 14세 소녀가 '연주황'이라는 단어는 어려운 한자어라면서 문제를 제기했어. 크레파스나 물감을 자주 쓰는 어린

149

　이에 대한 또 다른 차별이자 인권 침해라면서 '연주황'을 '살구색'으로 바꾸어 달라고 진정을 낸 거야. 결국 이 진정은 받아들여졌고, 마침내 살색은 살구색이 되었단다.
　자, 어떠니? 인권을 지키는 일은 이렇게 작은 것부터 시작한단다. 너희도 물론 할 수 있는 일이고.
　'국가 인권 위원회'는 최종 판결을 내리는 사법 기구는 아니지만 인권에 대한 국가의 지침을 결정하는 중요한 기구니까, 너희도 인권에 대해 문제를 제기하고 싶다면 국가 인권 위원회에 '진정서'를 제출할 수 있어.

옛날, 여성이 남성과 똑같은 권리를 얻기 전에 남성들은 이렇게 말했어.

"여자들은 너무 어리석어. 여자들에게 정치를 맡기기가 영……."

옛날, 흑인이 백인과 똑같은 권리를 얻기 전에 백인들은 이렇게 말했어.

"흑인들은 너무 어리석어. 흑인들에게 정치를 맡기기가 영……."

지금 우리 어른들은 아이들에게 이렇게 말하지.

"너희는 너무 어려서……."

여자이기 때문에, 어리기 때문에, 피부색이 다르기 때문에, 다른 종교를 믿기 때문에, 가난하기 때문에…….

우리가 남을 차별하고 소외시키는 이유는 너무나 다양해.

어떤 나라에서는 여자로 태어났다는 이유만으로 태어나자마자 목숨을 잃기도 한다는구나. 어린 나이에 돈 몇 푼 받고 팔려가기도 하고. 어린아이들에게도 당연히 사람답게 살 권리가 있어.

전쟁 속에서 집과 부모를 잃고 끼니를 잇지 못해 늘 배고픈 아이들에게 인권은 멀고도 먼 이상일지도 모르지.

인류의 역사는 인권을 위한 투쟁의 연속이었어. 지금껏 살펴본 것처럼 인권은 저절로 하늘에서 뚝 떨어진 것이 절대 아니란다. 마찬가지로 어린이의 권리 역시, 우리 스스로가 지키고 주장해 나가야 하는 거야.

인권은 인간다운 삶을 살려고 했던 수많은 사람의 끊임없는 노력과 희생으로 얻어진 거야. 즉, 오랫동안 인간의 권리를 실현하고자 하는 실천 과정

속에서, 그리고 생활 속에서 쟁취해 낸 것이란다.

　인권이 무엇인지 깨닫고, 옳은 행동과 부당한 행동을 느끼고, 올바른 방향으로 실천해 나가는 것! 이것이 우리가 해야 할 일이야.

　살색이라는 크레파스 색깔의 이름이 살구색이란 이름을 얻게 된 것처럼, 그런 자그마한 노력과 성과들이 모이다 보면 우리 사회는 모두가 인간다운 삶을 사는 행복한 사회가 될 거라 믿어.

세계 인권 선언문

인류 가족 모두의 존엄성과 양도할 수 없는 권리를 인정하는 것이 세계의 자유, 정의, 평화의 기초다. 인권을 무시하고 경멸하는 만행이 과연 어떤 결과를 초래했던가를 기억해 보라. 인류의 양심을 분노케 했던 야만적인 일들이 일어나지 않았던가? 그러므로 오늘날 보통 사람들이 바라는 지고지순의 염원은 '이제 제발 모든 인간이 언론의 자유, 신념의 자유, 공포와 결핍으로부터의 자유를 누릴 수 있는 세상이 왔으면 좋겠다'는 것이리라.

유엔 헌장은 이미 기본적 인권, 인간의 존엄과 가치, 남녀의 동등한 권리에 대한 신념을 재확인했고, 보다 폭넓은 자유 속에서 사회 진보를 촉진하고 생활 수준을 향상시키자고 다짐했었다. 그런데 이러한 약속을 제대로 실천하려면 도대체 인권이 무엇이고 자유가 무엇인지에 대해 모든 사람이 이해할 수 있도록 하는 것이 가장 중요하지 않겠는가? 유엔 총회는 이제 모든 개인과 조직이 이 선언을 항상 마음속 깊이 간직하면서, 지속적인 국내적 국제적 조치를 통해 회원국 국민들의 보편적 자유와 권리신장을 위해 노력하도록, 모든 인류가 '다 함께 달성해야 할 하나의 공통 기준'으로서 '세계 인권 선언'을 선포한다.

제1조 모든 사람은 태어날 때부터 자유롭고, 존엄하며, 평등하다. 모든 사람은 이성과 양심을 가지고 있으므로 서로에게 형제애의 정신으로 대해야 한다.

제2조 모든 사람은 인종, 피부색, 성, 언어, 종교 등 어떤 이유로도 차별받지 않으며, 이 선언에 나와 있는 모든 권리와 자유를 누릴 자격이 있다.

제3조 모든 사람은 자기 생명을 지킬 권리, 자유를 누릴 권리, 그리고 자신의 안전을 지킬 권리가 있다.

제4조 어느 누구도 노예가 되거나 타인에게 예속된 상태에 놓여서는 안 된다. 노예 제도와 노예 매매는 어떤 형태로든 일절 금지한다.

제5조 어느 누구도 고문이나 잔인하고 비인도적이거나 모욕적인 처우 또는 형벌을 받아서는 안 된다.

제6조 모든 사람은 법 앞에서 '한 사람의 인간'으로 인정받을 권리가 있다.

제7조 모든 사람은 법 앞에 평등하며, 차별 없이 법의 보호를 받을 수 있다.

제8조 모든 사람은 헌법과 법률이 보장하는 기본적인 인권을 침해당했을 때, 해당 국가 법원에 의해 효과적으로 구제받을 권리가 있다.

제9조 어느 누구도 자의적으로 체포, 구금, 추방을 당하지 않는다.

제10조 모든 사람은 자신의 행위가 범죄인지 아닌지를 판별받을 때, 독립적이고 공평한 법정에서 공평하고 공개적인 심문을 받을 권리가 있다.

제11조 범죄의 소추를 받은 사람은 자신을 변호하는 데 필요한 모든 것을 보장받아야 하고, 누구든지 공개 재판을 통해 유죄가 입증될 때까지 무죄로 추정될 권리가 있다.

제12조 개인의 사생활, 가족, 주택, 통신에 대해 타인이 함부로 간섭해서는 안 되며, 어느 누구의 명예와 평판에 대해서도 타인이 침해해서는 안 된다.

제13조 모든 사람은 자기 나라 영토 안에서 어디든 갈 수 있고, 어디서든 살 수 있다. 또한 그 나라를 떠날 권리가 있고, 다시 돌아올 권리도 있다.

제14조 모든 사람은 박해를 피해, 타국에 피난처를 구하고 그곳에 망명할 권리가 있다.

제15조 누구나 국적을 가질 권리가 있다. 누구든지 정당한 근거 없이 국적을 빼앗기지 않으며, 자기 국적을 바꾸거나 다른 국적을 취득할 권리가 있다.

제16조 성년이 된 남녀는 인종, 국적, 종교의 제한을 받지 않고 결혼할 수 있으며, 가정을 이룰 권리가 있다. 결혼에 관한 모든 문제에 있어서 남녀는 똑같은 권리를 갖는다.

제17조 모든 사람은 혼자서 또는 타인과 공동으로 재산을 소유할 권리가 있다. 어느 누구도 자기 재산을 정당한 이유 없이 남에게 함부로 빼앗기지 않는다.

제18조 모든 사람은 사상, 양심, 종교의 자유를 누릴 권리가 있다.

제19조 모든 사람은 의사 표현의 자유를 누릴 권리가 있다.

제20조 모든 사람은 평화적인 집회 및 결사의 자유를 누릴 권리가 있다.

제21조 모든 사람은 직접 또는 자유롭게 선출된 대표자를 통해, 자국의 정치에 참여할 권

리가 있다. 모든 사람은 자기 나라의 공직을 맡을 권리가 있다.

제22조 모든 사람은 사회의 일원으로서 사회 보장을 받을 권리가 있다.

제23조 모든 사람은 일할 권리, 자유롭게 직업을 선택할 권리, 공정하고 유리한 조건으로 일할 권리, 실업 상태에서 보호받을 권리가 있다. 모든 사람은 차별 없이 동일한 노동에 대해 동일한 보수를 받을 권리가 있다.

제24조 모든 사람은 노동 시간의 합리적인 제한과 정기적 유급 휴가를 포함하여, 휴식할 권리와 여가를 즐길 권리가 있다.

제25조 모든 사람은 먹을거리, 입을 옷, 주택, 의료, 사회 서비스 등을 포함해 가족의 건강과 행복에 적합한 생활 수준을 누릴 권리가 있다.

제26조 모든 사람은 교육받을 권리가 있다. 초등 교육과 기초 교육은 무상이어야 하며, 특히 초등 교육은 의무적으로 실시해야 한다. 부모는 자기 자녀가 어떤 교육을 받을지 '우선적으로 선택할 권리'가 있다.

제27조 모든 사람은 자기가 속한 사회의 문화생활에 자유롭게 참여하고, 예술을 즐기며, 학문적 진보와 혜택을 공유할 권리가 있다.

제28조 모든 사람은 이 선언의 권리와 자유가 온전히 실현될 수 있는 체제에서 살아갈 자격이 있다.

제29조 모든 사람은 자신이 속한 공동체에 대해 한 인간으로서 의무를 진다.

제30조 이 선언에서 말한 어떤 권리와 자유도 다른 사람의 권리와 자유를 짓밟기 위해 사용될 수 없다. 어느 누구에게도 남의 권리를 파괴할 목적으로 자기 권리를 사용할 권리는 없다.

본 세계 인권 선언은 모든 사람이 읽기 쉽게 간략하게 정리한 국가 인권 위원회 낭독용입니다.

출처_국가 인권 위원회 세계 인권 선언 60만 읽기 홈페이지
http://udhr60.humanrights.or.kr